黒龙江
黑龙江
松花江
哈尔滨
长春
吉林
内蒙古自治区
沈阳
辽宁
北京市
朝鲜
呼和浩特
恒山
渤海
天津市
河北
韩国
银川
太原
石家庄
山西
济南
泰山
山东
黄海
日本
陕西
黄河
嵩山
郑州
西安
华山
河南
江苏
合肥
南京
太湖
上海市
安徽
湖北
武汉
黄山
杭州
长江
庐山
鄱阳湖
浙江
重庆市
洞庭湖
东海
南昌
长沙
江西
湖南
贵州
衡山
福州
福建
贵阳
台北
北回帰線
台湾海峡
台湾
广西壮族自治区
广东
南宁
西江
广州
澳门
香港
海口
南海
海南
0
400
800km
50°
45°
35°
30°
25°
20°
130°
110°
115°
120°
125°

# KOTOTOMO

コトトモ

プラス（増課）

# ことばを友に


趙 秀敏　上野 稔弘

王 軒　三石 大

桂 雯　大河 雄一

姚 尭　今野 文子

朝日出版社

## 音声ダウンロード

### 音声再生アプリ「リスニング・トレーナー」（無料）

朝日出版社開発のアプリ、「リスニング・トレーナー（リストレ）」を使えば、教科書の音声をスマホ、タブレットに簡単にダウンロードできます。どうぞご活用ください。

**まずは「リストレ」アプリをダウンロード**

› App Storeはこちら

› Google Playはこちら

**アプリ【リスニング・トレーナー】の使い方**

❶ アプリを開き、「**コンテンツを追加**」をタップ

❷ QRコードをカメラで読み込む

❸ QRコードが読み取れない場合は、画面上部に **45375** を入力し「Done」をタップします

QRコードは㈱デンソーウェーブの登録商標です

## Webストリーミング音声・動画

| | | |
|---|---|---|
| 音声 | http://text.asahipress.com/free/ch/kototomoplus/45375/ | |
| 動画 | 1～12課<br>https://text.asahipress.com/free/ch/kototomo/doga/ | |
| | 13～16課<br>http://text.asahipress.com/free/ch/kototomoplus/doga/ | |

## はじめに

このテキストは、通年授業に対応した初級中国語学習用教材で、『国際漢語教学通用課程大綱（修订版）』（孔子学院総部／国家漢辦、2014年）の2級、及び2～3級中間を基準として作成されたものです※。

本書では、発音の基礎を学んだ後、実践的コミュニケーション能力を育成する観点から、日本の大学生に身近な16の話題を取り上げ、前著よりも4課多い16課構成としました。キャンパスストーリーを展開させながら、楽しく学習を進めていき、豊かなアウトプット学習、高い学習到達度（CAN-DO）を目指しています。

各課は、語彙⇒会話⇒文法⇒4技能練習⇒確認問題⇒発展活動から構成され、着実に一歩ずつ学習を進める内容と形式になっています。また、DVD教材を用意し、実写によるスキット会話とリピーティング、シャドーイング、ロールプレイーの音読練習を提供しています。

一方、授業外の自習を支援するために、スマートフォンを利用した練習用アプリを用意し、単語、文法、リスニング、会話などを効率的に定着させる練習が、いつでもどこでも、気軽に楽しみながらできるようになっています。

なお、本増課版にあたっては、発音、語彙、文法、会話などを効果的にインプット学習するための授業動画も用意し、オンデマンド授業の実施や対面授業の学習指導を支援しています。

本書は、テキスト本体及び授業動画、授業用映像DVD教材（13-16課）は、朝日出版社により、そのほかの教材は下記の諸経費により開発されたものであり、産学連携の成果です。ここに謝意を表します。

【謝辞】

1. 授業用映像DVD教材（1-12課）：平成27年度国立大学改革強化推進補助金事業、及び平成28年度東北大学高度教養教育・学生支援機構ビジョン推進経費事業（事業代表者：趙秀敏）助成の成果。
2. スマホ利用練習教材：JSPS科研費（15K02709、19K00875、19H04223、20K03119）助成の成果。
3. 増課版の開発研究は、東北大学高度教養教育・学生支援機構 機構長裁量経費の助成。

※ 文法：1級と2級計93項目のうち90項目、3級の68項目のうち30項目を取り上げている。語彙：1級と2級計300語をほぼ含み、3級の300語のうち140語ほどをカバーしている。全体として、主要語彙数535語、参考補助語彙数255語ほどである。

## 1 [話題と目標・語彙]

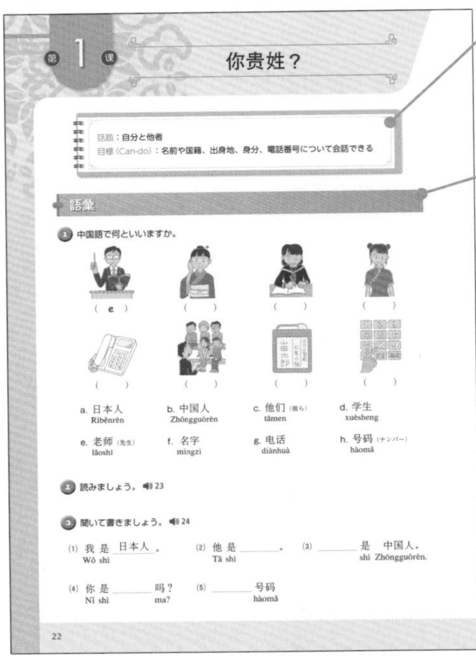
第1课 你贵姓？

話題：自分と他者
目標（Can-do）：名前や国籍、出身地、身分、電話番号について会話できる

語彙

1 中国語で何といいますか。

( e ) ( ) ( ) ( )
( ) ( ) ( ) ( )

a. 日本人 Rìběnrén　b. 中国人 Zhōngguórén　c. 他们（彼ら） tāmen　d. 学生 xuésheng
e. 老师（先生） lǎoshī　f. 名字 míngzi　g. 电话 diànhuà　h. 号码（ナンバー） hàomǎ

2 読みましょう。 23

3 聞いて書きましょう。 24

(1) 我 是 日本人。 Wǒ shì　(2) 他 是 ____。 Tā shì　(3) ____ 是 中国人。 shì Zhōngguórén.
(4) 你 是 ____ 吗？ Nǐ shì ma?　(5) ____ 号码 hàomǎ

22

★話題と目標
話題とともに学習到達目標（Can-do）を提示する。

★語彙
話題に関する語彙の意味、発音及びそれらの応用を学習する。

## 2 [会話]

話題に関して、場面が異なる三つのミニモデル会話を学習し、練習する。

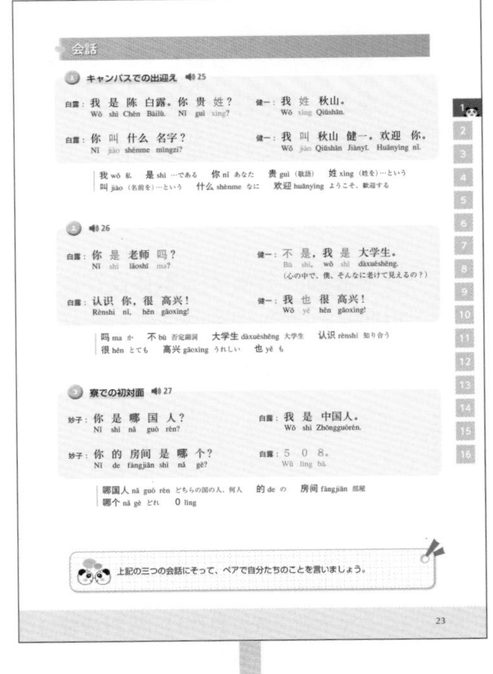
会話

1 キャンパスでの出迎え 25

白露：我 是 陈 白露。你 贵 姓？ Wǒ shì Chén Báilù. Nǐ guì xìng?
健一：我 姓 秋山。 Wǒ xìng Qiūshān.
白露：你 叫 什么 名字？ Nǐ jiào shénme míngzi?
健一：我 叫 秋山 健一。欢迎 你。 Wǒ jiào Qiūshān Jiànyī. Huānyíng nǐ.

2 26

白露：你 是 老师 吗？ Nǐ shì lǎoshī ma?
健一：不 是，我 是 大学生。 Bú shì, wǒ shì dàxuéshēng.（心の中で、僕、そんなに老けて見えるの？）
白露：认识 你，很 高兴！ Rènshi nǐ, hěn gāoxìng!
健一：我 也 很 高兴！ Wǒ yě hěn gāoxìng!

3 寮での初対面 27

妙子：你 是 哪 国 人？ Nǐ shì nǎ guó rén?
白露：我 是 中国人。 Wǒ shì Zhōngguórén.
妙子：你 的 房间 是 哪 个？ Nǐ de fángjiān shì nǎ gè?
白露：5 0 8。 Wǔ líng bā.

上記の三つの会話にそって、ペアで自分たちのことを言いましょう。

23

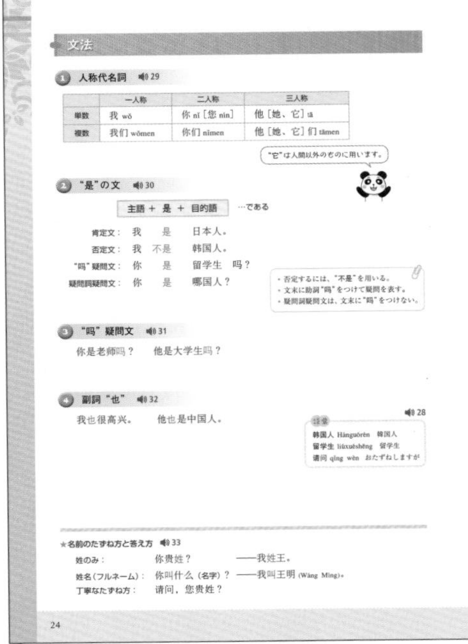
文法

1 人称代名詞 29

| | 一人称 | 二人称 | 三人称 |
|---|---|---|---|
| 単数 | 我 wǒ | 你 nǐ［您 nín］ | 他［她、它］tā |
| 複数 | 我们 wǒmen | 你们 nǐmen | 他［她、它］们 tāmen |

"它"は人間以外のものに用います。

2 "是"の文 30

主語 ＋ 是 ＋ 目的語 …である

肯定文：我 是 日本人。
否定文：我 不是 韩国人。
"吗"疑問文：你 是 留学生 吗？
疑問詞疑問文：你 是 哪国人？

・否定するには、"不是"を用いる。
・文末に助詞"吗"をつけて疑問を表す。
・疑問詞疑問文は、文末に"吗"をつけない。

3 "吗"疑問文 31

你是老师吗？　他是大学生吗？

4 副詞"也" 32

我也很高兴。　他也是中国人。

語彙 28
韩国人 Hánguórén 韓国人
留学生 liúxuéshēng 留学生
请问 qǐng wèn おたずねしますが

★名前のたずね方と答え方 33
姓のみ：你贵姓？ ——我姓王。
姓名（フルネーム）：你叫什么（名字）？ ——我叫王明（Wáng Míng）。
丁寧なたずね方：请问，您贵姓？

24

## 3 [文法]

話題の表現に必要な文法事項を構造的に理解し、学習する。

## [4技能]

四つの技能の練習を通して、学習事項を練習し、習熟する。

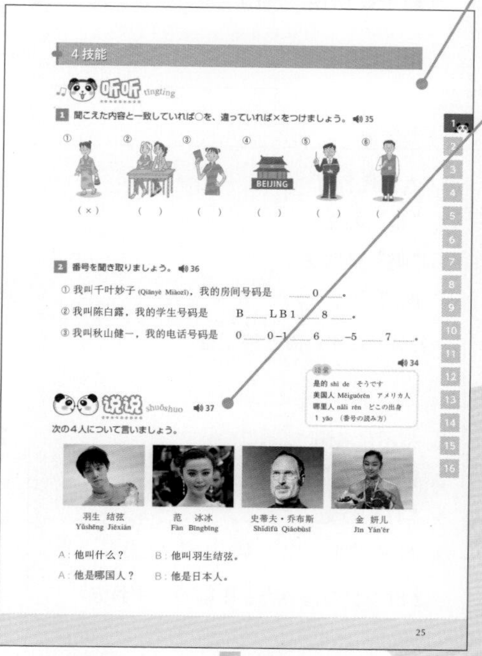

学習事項を意識化し、文の意味を聞き取る練習をする。

学んだ学習事項を用いて、ペアやグループで会話練習する。

ミニ読解文を通して、学習事項への理解を高め、読解力を身につける。

身近なことについて書くことで、学習事項を定着させる。

## 5 [確認・発展]

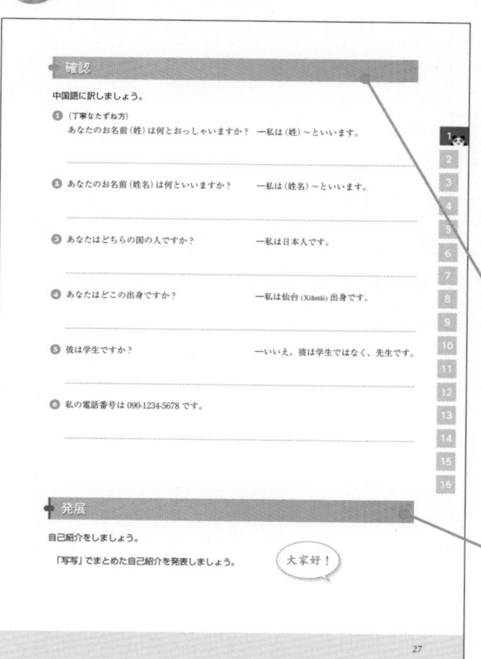

★確認

和文中訳を通して学習事項の理解度を確認する。

★発展

学習事項を用いて、コミュニケーション言語活動を行う。

# 目次

## KOTOTOMO 専用学習アプリ

※iOS, Android対応。「KoToToMo Plus」で検索入手可能。

音読練習では、動画を見ながら、中国語の発音や各課の会話を練習したり、録音再生、発音の判定もできます。

文型練習では、ゲーム感覚で語の並び替えをしながら、中国語の文型を気軽に楽しくマスターできます。

# 発音

KOTOTOMO
コトトモ

# I 声調

🔊 01

| | | | |
|---|---|---|---|
| 第 1 声 | **mā** | （妈） | 高く平らに |
| 第 2 声 | **má** | （麻） | 急に上昇 |
| 第 3 声 | **mǎ** | （马） | 低く抑える |
| 第 4 声 | **mà** | （骂） | 急に下降 |
| 軽　声 | **māma** | （妈妈） | 軽く短く |

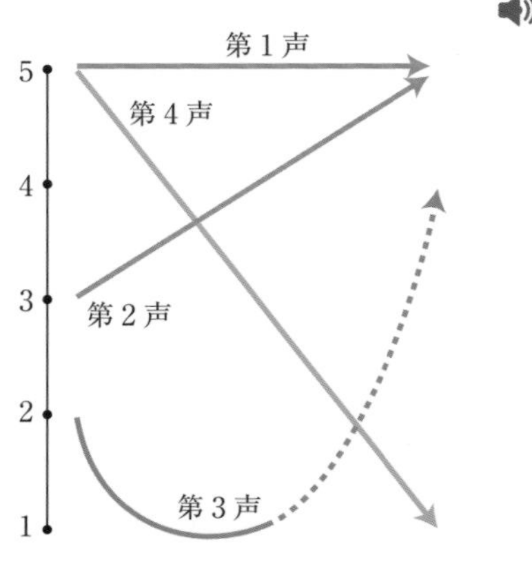


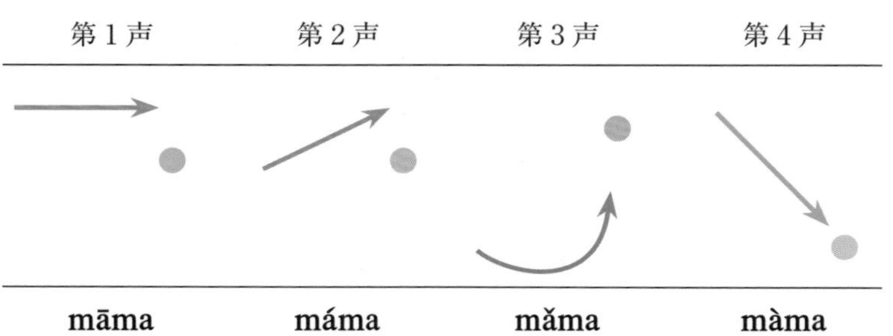


**練習 1** どちらが聞こえましたか？ 🔊 02

例：{ mā（○） / má }　{ má / mǎ }　{ mǎ / mà }　{ mā / mǎ }　{ māma / máma }　{ mǎma / máma }　{ māma / màma }

**練習 2** 発音しましょう。 🔊 03

māma qí mǎ, mǎ màn, māma mà mǎ.
妈妈 骑 马， 马 慢， 妈妈 骂 马。

# 母音

## 1 単母音

🔊 04

| a | o | e | i | u | ü |
|---|---|---|---|---|---|
| | | | (yi) | (wu) | (yu) |

（　）内は、子音がつかない時の表記。

 **a** 口を大きく開ける

 **o** 唇を丸め、突き出す

 **e** 唇を左右に引き、喉の奥から出す

 **i (yi)** 唇を左右に引く

  **u (wu)** 唇を丸く突き出す

  **ü (yu)** 唇をすぼめる

## 2 そり舌母音

🔊 05

  **er** a の口の形で e を出しながら、舌先をそり上げる

**練習** 聞いて母音を書き取り、さらに声調符号を付けましょう。 🔊 06

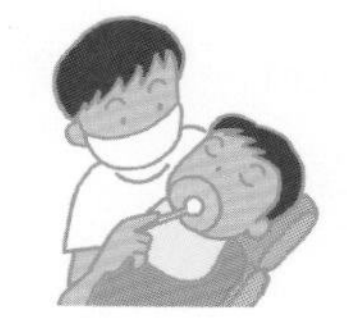

________(啊)　______(喔)　______(鹅)　______(一)　______(五)　______(鱼)

## 3 複母音

🔊 07

| | | | | | |
|---|---|---|---|---|---|
| >型<br>前の母音を強く | **ai** | **ei** | **ao** | **ou** | |
| <型<br>後ろの母音を強く | **ia**<br>**(ya)** | **ie**<br>**(ye)** | **ua**<br>**(wa)** | **uo**<br>**(wo)** | **üe**<br>**(yue)** |
| ◇型<br>真ん中の母音を強く | **iao**<br>**(yao)** | **iou**<br>**(you)** | **uai**<br>**(wai)** | **uei**<br>**(wei)** | |

1. （　）内は、子音がつかない時の表記。
2. iou と uei は、子音が付くと -iu と -ui となる。
   例 j + iou → jiǔ（九）
   h + uei → huì（会）

### 練習 1　発音しましょう。

🔊 08

| | | | | |
|---|---|---|---|---|
| ài （爱） | mèimei（妹妹） | māo（猫） | ǒu （偶） | |
| yā （鸭） | yéye （爷爷） | wǎ （瓦） | wǒ（我） | yuè（月） |
| yào（药） | yǒu （有） | wài （外） | wèi（胃） | |

### 練習 2　どちらが聞こえましたか？

🔊 09

{ mǎi / měi }　{ áo / óu }　{ yǎ / yě }　{ ǒu / wǒ }　{ yè / yuè }　{ wà / wài }　{ yào / yòu }

### 練習 3　子音が付かない場合のつづり方を書きなさい。

| i | u | ü | ia | uo | üe | iou | uei |
|---|---|---|---|---|---|---|---|
| （　　） | （　　） | （　　） | （　　） | （　　） | （　　） | （　　） | （　　） |

# Ⅲ 子音

10

| | 無気音 | 有気音 | | |
|---|---|---|---|---|
| 唇音 | b (o) | p (o) | m (o) | f (o) |
| 舌尖音 | d (e) | t (e) | n (e) | l (e) |
| 舌根音 | g (e) | k (e) | h (e) | |
| 舌面音 | j (i) | q (i) | x (i) | |
| そり舌音 | zh (i) | ch (i) | sh (i) | r (i) |
| 舌歯音 | z (i) | c (i) | s (i) | |

●無気音は、呼気を押さえて発音する。
●有気音は、呼気を強く吐き出す。

そり舌音は、舌先を巻き上げて、舌をスプーン状に。
zh(i) と ch(i) は、舌先を上の歯茎より少し奥に当てる。
sh(i) と r(i) は、舌先を上の歯茎につけず、少し隙間を残す。

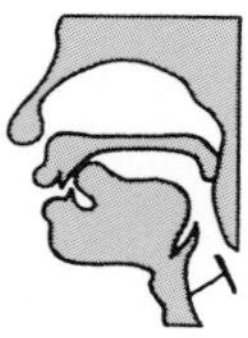

準備

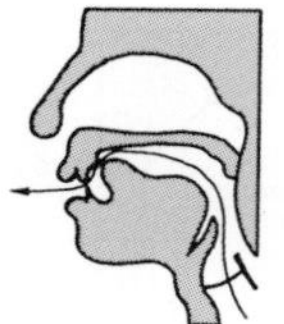

発音 { 無気 zh(i) / 有気 ch(i) }

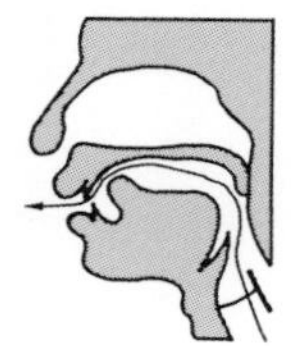

sh(i)
声帯を振るわさない

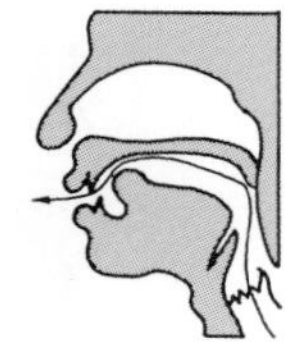

r(i)
声帯を振るわす

**練習 1** 聞いて子音を付け、さらに発音しましょう。 11

{ _____à（爸） / _____à（怕） } { _____ì（弟） / _____ì（替） } { _____ē（哥） / _____ē（科） } { _____ù（巨） / _____ù（去） } { _____ū（猪） / _____ū（出） } { _____ì（字） / _____ì（次） }

**練習 2** 発音しましょう。 12

sìshí（四十）

xǐjù（喜剧）

qūchú（驱除）

rìlì（日历）

zǐcài（紫菜）

1 2 3 4 5 6 7 8 9 10 11 12 13 14 15 16

# 鼻母音

🔊 13

| | an | en | ang | eng | ong |
|---|---|---|---|---|---|
| i | ian<br>(yan) | in<br>(yin) | iang<br>(yang) | ing<br>(ying) | iong<br>(yong) |
| u | uan<br>(wan) | uen<br>(wen) | uang<br>(wang) | ueng<br>(weng) | |
| ü | üan<br>(yuan) | ün<br>(yun) | | | |

1. （　）内は、子音がつかない時の表記。
2. uen は、子音が付くと -un となる。
   例 ch ＋ uen → chūn（春）

-n（前鼻音）は、発音の後、舌先を上の歯の裏につける。
-ng（奥鼻音）は、発音の後、口を開けたまま、舌の後部を上あごにつける。

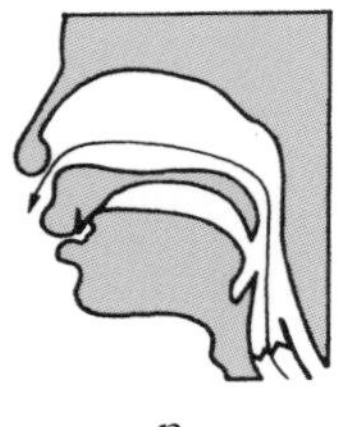

-n

-ng

練習 1　どちらが聞こえましたか？　🔊 14

{ bān（班） / bāng（帮） }　{ yán（盐） / yáng（羊） }　{ wǎn（晚） / wǎng（往） }　{ fēn（分） / fēng（风） }　{ qín（琴） / qíng（情） }　{ wèn（问） / wèng（瓮） }

練習 2　上記のペアを発音しましょう。　🔊 15

練習 3　下記の会話を発音しましょう。　🔊 16

Qǐng wèn, nín guì xìng?　— Wǒ xìng Lín.
请　问，您　贵　姓？　— 我　姓　林。

# V 音節

## 1 音節の構成

(1) 母音だけ　é（鹅）　wǒ（我）
(2) 子音＋母音　hé（河）　huǒ（火）

## 2 声調符号の位置

母音の上に　mǎ（马）
(1) a があれば、a の上に　xiǎo（小）
(2) a がなければ、e か o の上に　xuě（雪）　hóu（猴）
(3) i と u が並べれば、後ろの母音の上に　jiǔ（九）　huì（会）
＊i に付ける時は、上の点を取る　yī（一）

## 3 声調の変化

(1) 第 3 声の連続　∨＋∨　→　∨＋∨（／）　Nǐ hǎo（你好）（／）
(2) "不 bù" の変調　"不"＋第 4 声　→　bú　bú shì（不是）
(3) "一 yī" の変調　"一"＋第 1〜3 声　→　yì　yì fēn（一分）
yì nián（一年）
yì miǎo（一秒）
"一"＋第 4 声　→　yí　yí kè（一刻）

## 4 r 化

17

(1) 音の変化なし　gēr（歌儿）
(2) -i や -n を読まない　gàir（盖儿）　diǎnr（点儿）
(3) -ng を読まず、鼻音化　kòngr（空儿）

1 2 3 4 5 6 7 8 9 10 11 12 13 14 15 16

**練習 1** 聞いて声調符号を付けましょう。 🔊 18

shui jiao（睡觉）

you yong（游泳）

he jiu（喝酒）

**練習 2** 発音しましょう。 🔊 19

Nǐ zǎo!（你早！）

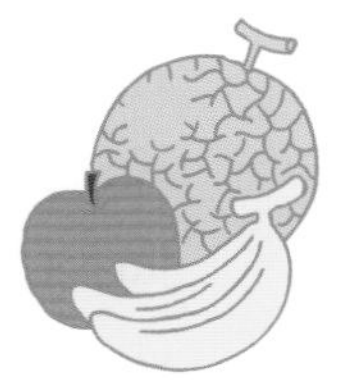
shuǐguǒ（水果）

yǔsǎn（雨伞）

huà huàr（画画儿）

xiǎoháir（小孩儿）

liáo tiānr（聊天儿）

**練習 3** 発音しましょう。 🔊 20

| | | | | |
|---|---|---|---|---|
| 今天<br>jīntiān | 中国<br>Zhōngguó | 身体<br>shēntǐ | 天气<br>tiānqì | 妈妈<br>māma |
| 明天<br>míngtiān | 韩国<br>Hánguó | 啤酒<br>píjiǔ | 学校<br>xuéxiào | 爷爷<br>yéye |
| 老师<br>lǎoshī | 美国<br>Měiguó | 很好<br>hěn hǎo | 米饭<br>mǐfàn | 奶奶<br>nǎinai |
| 大家<br>dàjiā | 练习<br>liànxí | 日本<br>Rìběn | 电话<br>diànhuà | 爸爸<br>bàba |

# 数字と挨拶

## 1 数字

🔊 21

| 一 | 二 | 三 | 四 | 五 | 六 | 七 | 八 | 九 | 十 |
|---|---|---|---|---|---|---|---|---|---|
| yī | èr | sān | sì | wǔ | liù | qī | bā | jiǔ | shí |

         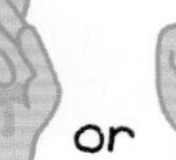 or 

## 2 挨拶

🔊 22

你 好！
Nǐ hǎo!
意味：（　　　　　　　　）

请！
Qǐng!
（　　　　　　　　）

再见！
Zàijiàn!
（　　　　　　　　）

谢谢！　—不客气。
Xièxie!　— Bú kèqi.
意味：（　　　　　　　　）

对不起！　—没关系。
Duìbuqǐ!　— Méi guānxi.
（　　　　　　　　）

## 登場人物

### 陈　白露

中国人交換留学生として来日、文学部２年生、上海出身
趣味：写真撮影、料理、日本の漫画とアニメ

### 秋山　健一

工学部２年生、北海道出身、大学の国際交流サークルに所属
趣味：バスケットボール、歌、映画

### 千叶　妙子

教育学部１年生、秋田出身、高校時代から中国語を履修
趣味：音楽鑑賞、読書

# ユニット

第1课

# 你贵姓？

話題：自分と他者
目標 (Can-do)：名前や国籍、出身地、身分、電話番号について会話できる

## 語彙

**1** 中国語で何といいますか。

( e )

(　　)

(　　)

(　　)

(　　)

(　　)

(　　)

(　　)

a. 日本人 Rìběnrén
b. 中国人 Zhōngguórén
c. 他们 (彼ら) tāmen
d. 学生 xuésheng
e. 老师 (先生) lǎoshī
f. 名字 míngzi
g. 电话 diànhuà
h. 号码 (ナンバー) hàomǎ

**2** 読みましょう。 23

**3** 聞いて書きましょう。 24

(1) 我 是 日本人 。
Wǒ shì

(2) 他 是 ………… 。
Tā shì

(3) ………… 是 中国人。
shì Zhōngguórén.

(4) 你 是 ………… 吗？
Nǐ shì ma?

(5) ………… 号码
hàomǎ

## 会話

### 1 キャンパスでの出迎え 25

白露：我 是 陈 白露。你 贵 姓？
Wǒ shì Chén Báilù. Nǐ guì xìng?

健一：我 姓 秋山。
Wǒ xìng Qiūshān.

白露：你 叫 什么 名字？
Nǐ jiào shénme míngzi?

健一：我 叫 秋山 健一。欢迎 你。
Wǒ jiào Qiūshān Jiànyī. Huānyíng nǐ.

我 wǒ 私　是 shì …である　你 nǐ あなた　贵 guì（敬語）　姓 xìng（姓を）…という
叫 jiào（名前を）…という　什么 shénme なに　欢迎 huānyíng ようこそ、歓迎する

### 2 26

白露：你 是 老师 吗？
Nǐ shì lǎoshī ma?

健一：不 是，我 是 大学生。
Bú shì, wǒ shì dàxuéshēng.
（心の中で、僕、そんなに老けて見えるの？）

白露：认识 你，很 高兴！
Rènshi nǐ, hěn gāoxìng!

健一：我 也 很 高兴！
Wǒ yě hěn gāoxìng!

吗 ma か　不 bù 否定副詞　大学生 dàxuéshēng 大学生　认识 rènshi 知り合う
很 hěn とても　高兴 gāoxìng うれしい　也 yě も

### 3 寮での初対面 27

妙子：你 是 哪 国 人？
Nǐ shì nǎ guó rén?

白露：我 是 中国人。
Wǒ shì Zhōngguórén.

妙子：你 的 房间 是 哪 个？
Nǐ de fángjiān shì nǎ gè?

白露：5 0 8。
Wǔ líng bā.

哪国人 nǎ guó rén どちらの国の人、何人　的 de の　房间 fángjiān 部屋
哪个 nǎ gè どれ　0 líng

上記の三つの会話にそって、ペアで自分たちのことを言いましょう。

# 文法

## 1 人称代名詞 29

| | 一人称 | 二人称 | 三人称 |
|---|---|---|---|
| 単数 | 我 wǒ | 你 nǐ［您 nín］ | 他［她、它］tā |
| 複数 | 我们 wǒmen | 你们 nǐmen | 他［她、它］们 tāmen |

"它"は人間以外のものに用います。

## 2 "是"の文 30

主語 ＋ 是 ＋ 目的語　…である

肯定文：我　是　日本人。

否定文：我　不是　韩国人。

"吗"疑問文：你　是　留学生　吗？

疑問詞疑問文：你　是　哪国人？

- 否定するには、"不是"を用いる。
- 文末に助詞"吗"をつけて疑問を表す。
- 疑問詞疑問文は、文末に"吗"をつけない。

## 3 "吗"疑問文 31

你是老师吗？　他是大学生吗？

## 4 副詞"也" 32

我也很高兴。　他也是中国人。

28

語彙

韩国人 Hánguórén　韓国人

留学生 liúxuéshēng　留学生

请问 qǐng wèn　おたずねしますが

★名前のたずね方と答え方 33

姓のみ：　你贵姓？　——我姓王。

姓名（フルネーム）：　你叫什么（名字）？　——我叫王明 (Wáng Míng)。

丁寧なたずね方：　请问，您贵姓？

## 4 技能

### 听听 tīngting

**1** 聞こえた内容と一致していれば○を、違っていれば×をつけましょう。 35

①  （ × ）

②  （　　）

③  （　　）

④ 

（　　）

⑤  （　　）

⑥  （　　）

**2** 番号を聞き取りましょう。 36

① 我叫千叶妙子 (Qiānyè Miàozǐ)，我的房间号码是　……… 0 ………。

② 我叫陈白露，我的学生号码是　B ……… L B 1 ……… 8 ………。

③ 我叫秋山健一，我的电话号码是　0 ……… 0 –1 ……… 6 ……… –5 ……… 7 ………。

34

**語彙**

是的 shì de　そうです
美国人 Měiguórén　アメリカ人
哪里人 nǎli rén　どこの出身
1 yāo （番号の読み方）

### 说说 shuōshuo　37

次の４人について言いましょう。

羽生　结弦
Yǔshēng Jiéxián

范　冰冰
Fàn Bīngbīng

史蒂夫・乔布斯
Shǐdìfū Qiáobùsī

金　妍儿
Jīn Yán’ér

A：他叫什么？　B：他叫羽生结弦。

A：他是哪国人？　B：他是日本人。

## 读读 dúdu 39

1. 大家 好！我 姓 千叶，叫 千叶 妙子。我 是 秋田人。我 是 大学生。
Dàjiā hǎo! Wǒ xìng Qiānyè, jiào Qiānyè Miàozǐ. Wǒ shì Qiūtiánrén. Wǒ shì dàxuéshēng.

2. 大家 好！我 是 日本人。我 叫 秋山 健一，大家 叫 我 秋山 吧。
Dàjiā hǎo! Wǒ shì Rìběnrén. Wǒ jiào Qiūshān Jiànyī, dàjiā jiào wǒ Qiūshān ba.

3. 她 姓 张。她 是 老师。她 是 我们 的 汉语 老师。她 是 北京人。
Tā xìng Zhāng. Tā shì lǎoshī. Tā shì wǒmen de Hànyǔ lǎoshī. Tā shì Běijīngrén.

①

②

③

38

**語彙**

大家 dàjiā　みなさん
汉语 Hànyǔ　中国語
叫 jiào　呼ぶ
吧 ba　してください

## 写写 xiěxie

次の文を参考にして、自己紹介を書きましょう。

大家好！我姓…，叫…，我是…人。我是大学生。认识你们，很高兴！

## 確認

中国語に訳しましょう。

❶（丁寧なたずね方）
あなたのお名前（姓）は何とおっしゃいますか？　—私は（姓）～といいます。

❷ あなたのお名前（姓名）は何といいますか？　—私は（姓名）～といいます。

❸ あなたはどちらの国の人ですか？　—私は日本人です。

❹ あなたはどこの出身ですか？　—私は仙台 (Xiāntái) 出身です。

❺ 彼は学生ですか？　—いいえ、彼は学生ではなく、先生です。

❻ 私の電話番号は 090-1234-5678 です。

## 発展

自己紹介をしましょう。

「写写」でまとめた自己紹介を発表しましょう。

大家好！

第2课

# 你家在哪儿？

話題：家と家族
目標 (Can-do)：住所、家族構成、年齢、ペット、部屋について会話できる

## 語彙

**1** 中国語で何といいますか。

( h )

(　　)

(　　)

(　　)

(　　)

(　　)

(　　)

(　　)

a. 家 jiā
b. 三 口 人 sān kǒu rén
c. 哥哥（兄） gēge
d. 姐姐（姉） jiějie
e. 弟弟 和 妹妹 dìdi hé mèimei
f. 5 岁（5才） wǔ suì
g. 一 个 孩子（一人の子供） yí gè háizi
h. 一 只 狗 yì zhī gǒu

**2** 読みましょう。 40

**3** 聞いて書きましょう。 41

(1) 我 家 有 六口人。 Wǒ jiā yǒu
(2) 我 有 ……。 Wǒ yǒu
(3) 你 有 …… 吗？ Nǐ yǒu …… ma?
(4) 这 是 我 ……。 Zhè shì wǒ
(5) 他 ……。 Tā
(6) 这 是 我 的 ……。 Zhè shì wǒ de

## 会話

### 学生寮のリビングでスマートフォンの写真を見ているところ

**1** 42

白露：你 家 在 哪儿？
Nǐ jiā zài nǎr?

妙子：我 家 在 秋田。
Wǒ jiā zài Qiūtián.

白露：你 家 有 几 口 人？
Nǐ jiā yǒu jǐ kǒu rén?

妙子：四 口，爸爸、妈妈、一 个 哥哥 和 我。
Sì kǒu, bàba、māma、yí gè gēge hé wǒ.

在 zài ある、いる　哪儿 nǎr どこ　有 yǒu ある、いる　几 jǐ いくつ
口 kǒu （量詞）家族の人数を表す　爸爸 bàba 父　妈妈 māma 母
个 gè （量詞）人や物を数える　和 hé …と

**2** 43

白露：我 是 独生子。
Wǒ shì dúshēngzǐ.

妙子：真 羡慕 你。
Zhēn xiànmù nǐ.

白露：我 也 羡慕 你。你 哥哥 多 大？
Wǒ yě xiànmù nǐ. Nǐ gēge duō dà?

妙子：他 21 岁。
Tā èrshíyī suì.

独生子 dúshēngzǐ 一人っ子　真 zhēn 本当に　羡慕 xiànmù 羨ましい
多大 duō dà 何才　岁 suì 才

**3** 44

妙子：这 是 我 的 狗，它 叫 丽丽。
Zhè shì wǒ de gǒu, tā jiào Lìli.

白露：丽丽？ 太 可爱 了！
Lìli? Tài kě'ài le!

妙子：你 有 宠物 吗？
Nǐ yǒu chǒngwù ma?

白露：没 有，我 奶奶 有 一 只 猫。
Méi yǒu, wǒ nǎinai yǒu yì zhī māo.

这 zhè これ、この　太…了 tài…le とても…だ、…すぎる　可爱 kě'ài 可愛い
宠物 chǒngwù ペット　没 méi 否定副詞　奶奶 nǎinai 祖母　只 zhī （量詞）匹　猫 māo ネコ

上記の三つの会話にそって、ペアで自分たちのことを言いましょう。

## 文法

### 1 指示代名詞 46

| 近称 | 遠称 | 疑問 |
|---|---|---|
| 这 zhè | 那 nà | 哪 nǎ |
| 这儿 zhèr / 这里 zhèli | 那儿 nàr / 那里 nàli | 哪儿 nǎr / 哪里 nǎli |

这是谁？　那是什么？　你在哪儿？　我在这儿。

### 2 動詞“在” 47

人／物Ａ＋在＋場所Ｂ　　存在を表す。ＡはＢにいる／ある　否定：不在

你家在哪儿？　我家在东京。　他不在这儿。

### 3 “有”の文 48

(1) 場所Ａ＋有＋人／物Ｂ　　存在を表す。ＡにはＢがいる／ある　否定：没有

你家有几口人？　那儿有一个人。　房间里没有人。

(2) 人Ａ＋有＋人／物Ｂ　　所有を表す。ＡにはＢがいる／ある、ＡはＢを持っている

她有一个孩子。　你有词典吗？　我没有男朋友。

### 4 量詞（“个、名、本、口”など） 49

数字／这，那，哪＋量詞＋名詞

一个弟弟　两名学生　三口人　这本书

量詞の前の２は、
“两”を用いますよ。

語彙 45

谁 shéi　誰
里 li　なか
词典 cídiǎn　辞書
男朋友 nánpéngyou　彼氏
名 míng　（量詞）名
两 liǎng　二
本 běn　（量詞）冊
书 shū　本
了 le　…になった

★２桁の数の言い方 50

11 shíyī　20 èrshí　21 èrshíyī　99 jiǔshíjiǔ

★年齢のたずね方 51

子供には：　你几岁（了）？　Nǐ jǐ suì (le)?
年配者には：　您多大年纪 / 岁数（了）？　Nín duō dà niánjì / suìshu (le)?
その他は：　你多大（了）？　Nǐ duō dà (le)?

## 4 技能

**1** 聞いた順に従って数字を線で結びましょう。 🔊53

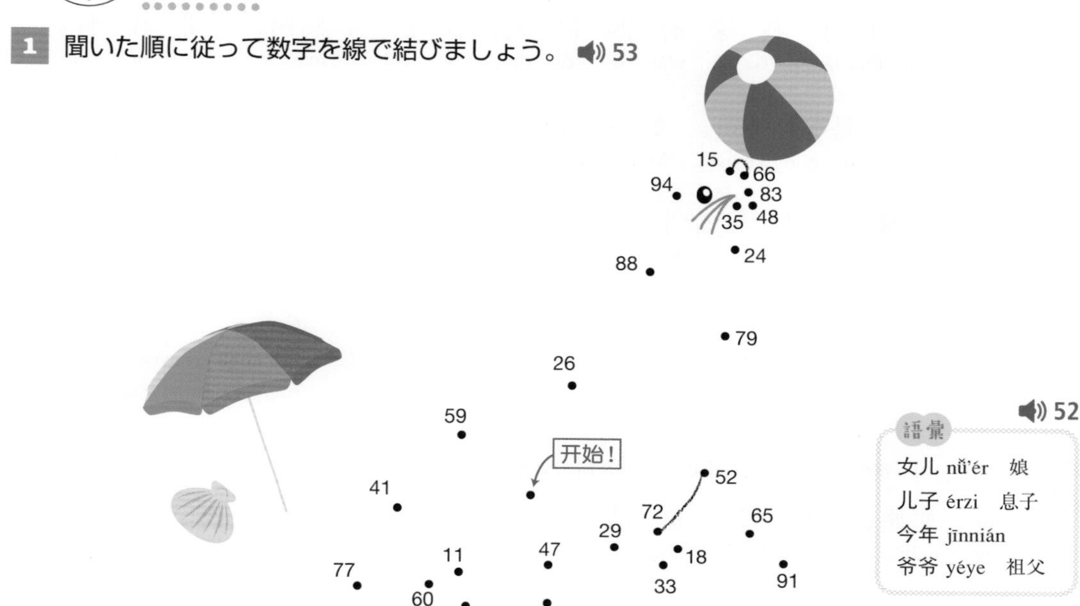


🔊52

**語彙**

女儿 nǚ'ér 娘
儿子 érzi 息子
今年 jīnnián
爷爷 yéye 祖父

**2** 聞こえた内容と一致していれば○を、違っていれば×をつけましょう。 🔊54

| ① | ② | ③ | ④ | ⑤ | ⑥ |
|---|---|---|---|---|---|
| 健一 | 白露 | 妙子 | 张老师 | 王老师 | 男朋友 |
| 北海道 Běihǎidào | 上海 Shànghǎi | 秋田 Qiūtián | 西安 Xī'ān | 北京 Běijīng | 东京 Dōngjīng |
| ( × ) | (　) | (　) | (　) | (　) | (　) |

🔊55

上の②③⑥の絵について会話しましょう。

A：她家在哪儿？　B：她家在上海。

A：她家有几口人？　B：三口，有爸爸、妈妈和她。

## ❶ 我家 57

我 家 在 秋田。我 家 有 四 口 人，有 爸爸、妈妈、哥哥 和 我。
Wǒ jiā zài Qiūtián. Wǒ jiā yǒu sì kǒu rén, yǒu bàba、 māma、 gēge hé wǒ.

爸爸 50 岁，是 公务员。 妈妈 45 岁，是 家庭 主妇。 哥哥 21 岁，
Bàba wǔshí suì, shì gōngwùyuán. Māma sìshíwǔ suì, shì jiātíng zhǔfù. Gēge èrshíyī suì,

是 大学生。我 也 是 大学生。我 哥哥 有 女朋友，我 没 有 男朋友。
shì dàxuéshēng. Wǒ yě shì dàxuéshēng. Wǒ gēge yǒu nǚpéngyou, wǒ méi yǒu nánpéngyou.

我 家 有 一 只 狗，它 叫 丽丽。
Wǒ jiā yǒu yì zhī gǒu, tā jiào Lìli.

56

公务员 gōngwùyuán 公務員
家庭主妇 jiātíng zhǔfù 家庭主婦
女朋友 nǚpéngyou 彼女

## ❷ 我的房间（寮の部屋の写真を両親に送った時のメール） 59

爸爸、妈妈，你们 好！ 这 是 我 的 宿舍。看，这 是 我 的 房间。
Bàba、 māma, nǐmen hǎo! Zhè shì wǒ de sùshè. Kàn, zhè shì wǒ de fángjiān.

房间 里 有 一 张 桌子、一 把 椅子、一 张 床 和 一 台 空调。房间
Fángjiān li yǒu yì zhāng zhuōzi、 yì bǎ yǐzi、 yì zhāng chuáng hé yì tái kōngtiáo. Fángjiān

里 没 有 电视 和 冰箱。
li méi yǒu diànshì hé bīngxiāng.

58

宿舍 sùshè 寮
张 zhāng （量詞）平らな物を数える
把 bǎ （量詞）取手のある物を数える
床 chuáng ベッド
空调 kōngtiáo エアコン
冰箱 bīngxiāng 冷蔵庫
看 kàn 見る
桌子 zhuōzi 机、テーブル
椅子 yǐzi 椅子
台 tái （量詞）機械などを数える
电视 diànshì テレビ

次の文を参考にして、「私の家族」について書きましょう。

我家在…。我家有…口人，…和我。我 18 岁，是大学生。我没有男朋友。我家有…，它叫…。/（あるいは）我家没有宠物。

## 確認

中国語に訳しましょう。

❶（クラスメートに対して）
あなたは何才ですか？　　　　　—私は 19 才です。

❷ あなたの家は何人家族ですか？
—私の家は 8 人家族です。お爺ちゃん、おばあちゃん、父、母、一人の姉、二人の兄と私です。

❸ 姉には彼氏がいますが、私には彼女がいません。

❹ あなたの犬はどこにいますか？　—私の犬はあそこにいます。

❺ 私の部屋には、テレビが一台ありますが、冷蔵庫はありません。

❻ あそこに 2 匹の猫がいますが、どちらがあなたの家の猫ですか？

1 2 3 4 5 6 7 8 9 10 11 12 13 14 15 16

## 発展

家族を紹介しましょう。

「写写」でまとめた「私の家族」を発表しましょう。

# 第3课　身体好吗？

話題：日常の挨拶
目標 (Can-do)：近況、身なり、天気などについて挨拶を交わすことができる

## 語彙

**1** 中国語で何といいますか。

(　g　)　(　　)　(　　)　(　　)

(　　)　(　　)　(　　)　(　　)

a. 身体 shēntǐ　b. 学习 xuéxí　c. 工作（仕事） gōngzuò　d. 忙 máng

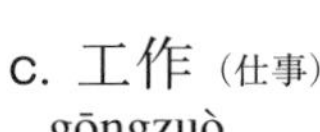

e. 愉快 yúkuài　f. 早上（朝） zǎoshang　g. 冷（寒い） lěng　h. 热（暑い） rè

**2** 読みましょう。 60

**3** 聞いて書きましょう。 61

(1) 身体 …… 好 吗？ hǎo ma?　(2) 你 …… 吗？ Nǐ ma?　(3) …… 愉快 吗？ yúkuài ma?

(4) 东京 …… 吗？ Dōngjīng ma?　(5) 北京 …… 吗？ Běijīng ma?　(6) …… 好！ hǎo!

## 会話

### 1 電話で 62

健一：喂，白露，最近 身体 好 吗？
Wéi, Báilù, zuìjìn shēntǐ hǎo ma?

白露：很 好。你 呢？
Hěn hǎo. Nǐ ne?

健一：我 也 很 好。学习 紧张 吗？
Wǒ yě hěn hǎo. Xuéxí jǐnzhāng ma?

白露：不 紧张。
Bù jǐnzhāng.

喂 wéi もしもし　最近 zuìjìn 最近　很 hěn とても　好 hǎo よい
呢 ne …は？　紧张 jǐnzhāng （勉強が）忙しい

### 2 63

健一：周末 你 忙 不 忙？
Zhōumò nǐ máng bu máng?

白露：不 太 忙。
Bú tài máng.

健一：看 电影 吗？
Kàn diànyǐng ma?

白露：好 啊。
Hǎo a.

周末 zhōumò 週末　不太 bú tài あまり…ではない　看电影 kàn diànyǐng 映画を見る
啊 a 語気助詞

### 3 ロビーで 64

健一：你 今天 真 漂亮。
Nǐ jīntiān zhēn piàoliang.

白露：哪里！哪里！今天 太 热 了。
Nǎli! Nǎli! Jīntiān tài rè le.

健一：给 你。（熱いコーヒーを渡した）
Gěi nǐ.

白露：哎呀，更 热 了。
Āiyā, gèng rè le.

今天 jīntiān 今日　漂亮 piàoliang きれいである、美しい
哪里 nǎli いやいや（どういたしまして）　给你 gěi nǐ さあどうぞ
哎呀 āiyā （驚いたり、意外に思ったりするときに発する言葉）おや、まあ　更 gèng もっと

上記の三つの会話にそって、ペアで自分たちのことを言いましょう。

## 文法

### 1 形容詞述語文 66

形容詞が述語になり、"是" はいらない。

主語 + 副詞 + 形容詞

身体　很　好。
学习　不　紧张。
身体　　好　吗？

肯定文では、通常 "很" がつけられますが、強く発音されなければ、「とても」の意味を持ちませんよ。

### 2 "呢" 疑問文 67

我不热。你呢？　我 18 岁。 你呢？

### 3 反復疑問文 68

述語の肯定形と否定形を並べたパターンの疑問文で、文末に "吗" をつけない。

肯定 + 否定

你　忙　不忙？
他　在　不在？
你　是　不是　日本人？

### 4 程度副詞（很、非常、真、太、最、更） 69

| 身体很好。 | 学习非常紧张。 | 你真漂亮。 |
|---|---|---|
| 太热了。不太热。 | 谁最大？ | 妈妈忙，爸爸更忙。 |

65

語彙

非常 fēicháng　非常に
最 zuì　最も
大 dà　年齢が上である

★お祝いの言い方 70

（祝你）生日快乐！　(Zhù nǐ) shēngrì kuàilè!　お誕生日おめでとう。
（祝你）新年快乐！　(Zhù nǐ) xīnnián kuàilè!　新年おめでとう。
（祝你）圣诞节快乐！　(Zhù nǐ) Shèngdànjié kuàilè!　メリー・クリスマス。

## 4 技能

**1** 聞こえた内容と一致していれば○を、違っていれば×をつけましょう。 72

① （×）　② （　）　③ （　）　④ （　）　⑤ （　）　⑥ （　）

71

語彙

怎么样 zěnmeyàng　どうですか
每天 měi tiān　毎日
小姐 xiǎojiě　さん（ミス）
先生 xiānsheng　さん（ミスター）
酷 kù　かっこいい
天气 tiānqì　天気
度 dù

说说 shuōshuo　73

下記の言葉を用い、友達と挨拶しましょう。

| | | | |
|---|---|---|---|
| 你好！ | Nǐ hǎo! | 早上好！ | Zǎoshang hǎo! |
| 身体好吗？ | Shēntǐ hǎo ma? | 最近怎么样？ | Zuìjìn zěnmeyàng? |
| 忙不忙？ | Máng bu máng? | 学习紧张吗？ | Xuéxí jǐnzhāng ma? |
| 今天真热。 | Jīntiān zhēn rè. | 今天天气真好。 | Jīntiān tiānqì zhēn hǎo. |
| 你今天真漂亮／酷。 | Nǐ jīntiān zhēn piàoliang/kù. | | |

例①

A：早上好！　B：早上好！

A：最近怎么样？　B：很好！

A：忙不忙？　B：不忙。

例②

A：今天真热。　B：是啊，今天真热。

A：你今天真酷。　B：哪里！哪里！

74

**語彙**

难 nán　難しい
可是 kěshì　しかし
有意思 yǒu yìsi　面白い

**电子邮件 (1)** 75

健一

你好！
最近怎么样？ 身体好吗？ 忙不忙？ 学习紧张吗？ 汉语难不难？ 每天愉快吗？
祝你愉快！

白露

**电子邮件 (2)** 76

白露

你好！
我最近身体很好，每天很忙，学习很紧张。汉语很难，可是汉语很有意思。
每天非常愉快。
祝：好！

健一

上記の文を参考にして、友人に (1)近況を尋ねる e メールと (2)近況を報告する e メールを書きましょう。

(1) 近況伺い

(2) 近況報告

## 確認

中国語に訳しましょう。

1 （年配の男性）李さん、お元気ですか？ —元気です。ありがとう。

2 （若い女性）王さん、最近忙しいですか？ —とても忙しいです。あなたは？

3 勉強は忙しいですか？ —あまり忙しくないです。

4 （反復疑問文を用いて）北京は今日暑いですか？ —暑すぎます。

5 最近仕事は楽しいですか？ —楽しくないです。

6 おはよう！あなたは今日本当にきれいです。 —あなたはもっときれいです。



## 発展

近況を紹介しましょう。

「写写」でまとめた近況伺いや報告を発表しましょう。

身体好吗?

# 第 4 课　几点上课？

話題：大学生活
目標 (Can-do)：日付、時計などの時間表現、大学生活について会話できる

## 語彙

**1** 中国語で何といいますか。

( e )

(　　)

(　　)

(　　)

(　　)

(　　)

(　　)

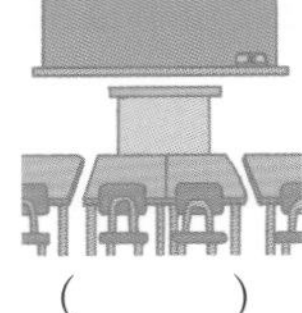
(　　)

a. 教室 jiàoshì　　b. 图书馆 túshūguǎn　　c. 食堂 shítáng　　d. 去 学校 qù xuéxiào（学校に行く）

e. 上 课 shàng kè（授業に出る）　　f. 学 汉语 xué Hànyǔ　　g. 看 书 kàn shū　　h. 吃 饭 chī fàn（ご飯を食べる）

**2** 読みましょう。 77

**3** 聞いて書きましょう。 78

まず最初に聞いた内容の順に、(　) に番号を付け、次に 2 回目に聞いた内容に従って、空欄に語を補いましょう。

| (　) | ( 1 ) | (　) | (　) |
|---|---|---|---|
| • 去学校 | • 去教室 | • 去食堂 | • 去图书馆 |
| • ………… | • 学汉语 | • ………… | • ………… |

## 会話

### ① 寮のリビングで 79

白露：你 不 去 学校 吗？
Nǐ bú qù xuéxiào ma?

妙子：今天 几 号？为 什么 去 学校？
Jīntiān jǐ hào? Wèi shénme qù xuéxiào?

白露：今天 15 号，有 入 学 指导。
Jīntiān shíwǔ hào, yǒu rù xué zhǐdǎo.

妙子：糟糕，我 忘 了。
Zāogāo, wǒ wàng le.

号 hào にち　为什么 wèi shénme なぜ、どうして　入学指导 rù xué zhǐdǎo 入学ガイダンス
糟糕 zāogāo しまった　忘了 wàng le 忘れた

### ② ラウンジで 80

健一：现在 几 点？
Xiànzài jǐ diǎn?

妙子：两 点 20 分。
Liǎng diǎn èrshí fēn.

健一：今天 有 中文 课，要 迟到 了。
Jīntiān yǒu Zhōngwén kè, yào chídào le.

妙子：中文 课 是 明天，不 是 今天。
Zhōngwén kè shì míngtiān, bú shì jīntiān.

现在 xiànzài 現在、いま　几点 jǐ diǎn 何時　…点…分 diǎn fēn …時…分
中文 Zhōngwén 中国語　课 kè 授業　要…了 yào…le もうすぐ…となる
迟到 chídào 遅刻する　明天 míngtiān 明日

### ③ キャンパスで 81

健一：你 星期 五 下午 做 什么？
Nǐ xīngqī wǔ xiàwǔ zuò shénme?

白露：我 和 朋友 去 吃 饭。你 呢？
Wǒ hé péngyou qù chī fàn. Nǐ ne?

健一：我 去 学校 学 汉语。
Wǒ qù xuéxiào xué Hànyǔ.

白露：加 油！
Jiā yóu!

星期五 xīngqī wǔ 金曜日　下午 xiàwǔ 午後　做 zuò する、やる　朋友 péngyou 友達
加油 jiā yóu 頑張ってください

上記の三つの会話を用いて、ペアでロールプレイをしましょう。

## 文法

### 1 名詞述語文 83

主に数量詞や時間名詞を用い、年齢、時間（時刻、曜日、年／月／日）などを表す場合、動詞“是”が省略される。

**主語 ＋ 数量詞／時間名詞**

我　　19 岁。
现在　两点 20 分。
今天　6 月 17 号。

否定する場合は、“不是”を用います。
［例］我不是 19 岁。

### 2 動詞述語文 84

**主語 ＋ 動詞（＋目的語）**

我　去　学校。
我　不看　书。
你　学　汉语　吗？

### 3 連用修飾語（時間、場所） 85

**主語＋時間／場所＋動詞（句）**　時間名詞を主語の前におくことも可能

他星期一去大学。　星期一他去大学。　他在大学学习。

### 4 連動文（目的を表す） 86

**来 / 去 ＋（場所）＋動詞（句）**　（場所に）…をしに来る／行く

他来日本留学。　我去图书馆看书。
他来留学。　我去看书。

82
語彙
在 zài …で
来 lái 来る
留学 liúxué

★時間の言い方

| | | |
|---|---|---|
| 87 | 時刻 | 点 (diǎn)　半 (bàn)　刻 (kè)　分 (fēn)　秒 (miǎo) |
| | 時間帯 | 早上 (zǎoshang)　上午 (shàngwǔ)　中午 (zhōngwǔ)　下午 (xiàwǔ)　晚上 (wǎnshang) |
| | 曜日 | 星期天 / 日 (xīngqī tiān / rì)　星期一　星期二　星期三　星期四　星期五　星期六 |
| 88 | 日 | 前天 (qiántiān)　昨天 (zuótiān)　今天 (jīntiān)　明天 (míngtiān)　后天 (hòutiān) |
| | 週／月 | 上个星期 / 月 (shàng gè xīngqī / yuè)　这个星期 / 月 (zhè gè…)　下个星期 / 月 (xià gè…) |
| | 年 | 前年 (qiánnián)　去年 (qùnián)　今年 (jīnnián)　明年 (míngnián)　后年 (hòunián) |

## 说说 shuōshuo

**1** 言ってみましょう。 90

例① A：今天 几 月 几 号 星期 几？
Jīntiān jǐ yuè jǐ hào xīngqī jǐ?

B：今天 7 月 9 号 星期 天。
Jīntiān qī yuè jiǔ hào xīngqī tiān.

星期一

星期二

星期三

星期四

星期五

星期六

例② A：现在 几 点？
Xiànzài jǐ diǎn?

B：现在 两 点 1 刻。
Xiànzài liǎng diǎn yí kè.

3 点
sān diǎn

10 点 10 分
shí diǎn shí fēn

12 点 1 刻
shí'èr diǎn yí kè

7 点 半
qī diǎn bàn

6 点 3 刻
liù diǎn sān kè

差 5 分 6 点
chà wǔ fēn liù diǎn

**2** 下記の質問を用い、ペアで会話をしましょう。 91

① 你 每 天 几 点 起 床？
Nǐ měi tiān jǐ diǎn qǐ chuáng?

② 你 几 点 来 学校？
Nǐ jǐ diǎn lái xuéxiào?

③ 中午 你 几 点 吃 饭？
Zhōngwǔ nǐ jǐ diǎn chī fàn?

④ 你 去 食堂 吃 饭 吗？
Nǐ qù shítáng chī fàn ma?

⑤ 下 课 后 你 去 图书馆 吗？
Xià kè hòu nǐ qù túshūguǎn ma?

⑥ 你 几 点 回 家？
Nǐ jǐ diǎn huí jiā?

89

**語彙**

刻 kè 15分　　半 bàn 半　　差 chà 前、足りない
起床 qǐ chuáng 起きる　　下课 xià kè 授業が終わる　　后 hòu（時間）後　　回 huí 帰る

## 听听 tīngting

時間と行動を聞き取りましょう。 93

| ① | ② | ③ | ④ | ⑤ | ⑥ |
|---|---|---|---|---|---|
| 4 点 | | | | | |
| 起床 | | | | | |

92

## 读读 dúdu

**語彙**

打工 dǎ gōng　アルバイトをする
打篮球 dǎ lánqiú　バスケットボールをする
一起 yìqǐ　一緒に　　洗澡 xǐ zǎo　入浴する　　睡觉 shuì jiào　寝る

### 我的一天 94

我 每 天 早上 6 点 起 床，6 点 半 去 打 篮球。8 点 半 去
Wǒ měi tiān zǎoshang liù diǎn qǐ chuáng, liù diǎn bàn qù dǎ lánqiú. Bā diǎn bàn qù

上 课。中午 我 和 朋友 一起 吃 饭，我们 在 食堂 吃 饭。下午 下 课
shàng kè. Zhōngwǔ wǒ hé péngyou yìqǐ chī fàn, wǒmen zài shítáng chī fàn. Xiàwǔ xià kè

后，我 去 图书馆 看 书。晚上 7 点 回 家。回 家 后 我 看 电视、
hòu, wǒ qù túshūguǎn kàn shū. Wǎnshang qī diǎn huí jiā. Huí jiā hòu wǒ kàn diànshì、

学习、洗 澡。我 每 天 12 点 睡 觉。
xuéxí、xǐ zǎo. Wǒ měi tiān shí'èr diǎn shuì jiào.

## 写写 xiěxie

次の文を参考にして、「私の一日」を書きましょう。

我每天早上…起床。…去大学，…上课。中午…。下午下课后，我去…。晚上…回家。回家后我…。我每天…睡觉。

## 確認

中国語に訳しましょう。

❶ あなたの誕生日は何月何日ですか？（“生日”を用いて）　—私の誕生日は 12 月 21 日です。

❷ 今日は何曜日ですか？　—今日は日曜日です。

❸ 今何時ですか？　—2 時 5 分前です。

❹ あなたは何時に学校に行きますか？　—私は 8 時 15 分に学校に行きます。

❺ あなた達は今日の昼どこで食事をしますか？　—私達は食堂で食事をします。あなたは？

❻ あなたは明日の午後に何をしますか？　—私は図書館に本を読みに行きます。

## 発展

自分の一日を紹介しましょう。

「写写」でまとめた「私の一日」を発表しましょう。

# 第5课 你的爱好是什么？

話題：趣味娯楽
目標 (Can-do)：趣味について会話できる

## 語彙

**1** 中国語で何といいますか。

( e )

( )

( )

( )

( )

( )

( )

( )

a. 唱 歌
chàng gē

b. 跳 舞
tiào wǔ

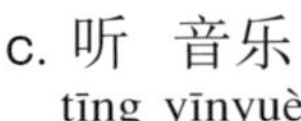
c. 听 音乐
tīng yīnyuè

d. 摄影
shèyǐng

e. 游 泳
yóu yǒng

f. 做 菜（料理をする）
zuò cài

g. 踢 足球
tī zúqiú

h. 旅游
lǚyóu

**2** 読みましょう。 95

**3** 聞いて選びましょう。 96

(1)
a. 唱歌
b. 跳舞
c. 游泳

(2)
a. 听音乐
b. 踢足球
c. 打篮球

(3)
a. 跳舞
b. 游泳
c. 旅游

(4)
a. 踢足球
b. 打篮球
c. 看电影

(5)
a. 做菜
b. 唱歌
c. 旅游

(6)
a. 踢足球
b. 听音乐
c. 看电影

(7)
a. 看书
b. 摄影
c. 做菜

## 会話

### 1 白露の部屋で 97

妙子：这 是 谁 的 照相机？
Zhè shì shéi de zhàoxiàngjī?

白露：是 我 的。
Shì wǒ de.

妙子：你 的 爱好 是 摄影 吗？
Nǐ de àihào shì shèyǐng ma?

白露：是 的，这些 照片 都 是 我 拍 的。
Shì de, zhèxiē zhàopiàn dōu shì wǒ pāi de.

照相机 zhàoxiàngjī カメラ　爱好 àihào 趣味　这些 zhèxiē これら　照片 zhàopiàn 写真
都 dōu みな　拍（照） pāi (zhào) 写真を撮る

### 2 資料室で 98

白露：妙子，这儿 可以 拍照 吗？
Miàozǐ, zhèr kěyǐ pāizhào ma?

妙子：这儿 不 可以 拍照。
Zhèr bù kěyǐ pāizhào.

白露：为 什么？
Wèi shénme?

妙子：这儿 是 资料室。
Zhèr shì zīliàoshì.

可以 kěyǐ …してもよい　资料室 zīliàoshì 資料室

### 3 キャンパスで 99

白露：健一，你 喜欢 做 什么？
Jiànyī, nǐ xǐhuan zuò shénme?

健一：我 最 喜欢 打 篮球。你 呢？
Wǒ zuì xǐhuan dǎ lánqiú. Nǐ ne?

白露：我 爱 摄影，也 会 做 菜。你 会 吗？
Wǒ ài shèyǐng, yě huì zuò cài. Nǐ huì ma?

健一：我 不 会。你 太 棒 了！
Wǒ bú huì. Nǐ tài bàng le!

喜欢 xǐhuan …好きだ　爱 ài 好む　会 huì …できる　棒 bàng 素晴らしい

上記の三つの会話にそって、ペアで自分たちのことを言いましょう。

## 文法

### 1 疑問詞疑問文（"什么、谁、哪、几、多少"） 101

疑問詞疑問文は、疑問代名詞によって作られた疑問文で、文末に"吗"をつけない。
語順は肯定文と同じで、尋ねたい部分を疑問代名詞に置き換える。

这是什么？　　他是谁？　　你是哪国人？
你有几个弟弟？　　你们班有多少（个）人？

※ 几：10 以下、量詞を伴う。　多少：10 以上、量詞は省略可。

100
語彙
班 bān　クラス
多少 duōshao　どれくらい

### 2 構造助詞"的"（所有を表す） 102

人称代名詞／名詞＋的＋名詞

家族の呼称や所属先などには"的"をつけませんよ。

我的爱好　　谁的照相机　　张老师的学生
我妈妈　　我们大学

### 3 助動詞"会"と"可以"（許可を表す） 103

●会：できる（習得して得た技能を表す）　否定：不会
●可以（許可を表す）：…してよい　否定：不可以（禁止を表す）…してはいけない

我会打网球。　　我不会滑雪。
这儿可以拍照吗？——对不起，这儿不可以拍照。

100
語彙
打网球 dǎ wǎngqiú　テニスをする
滑雪 huá xuě　スキーをする
做鱼 zuò yú　魚料理をする
做饭 zuò fàn　ご飯を作る

### 4 感情や態度を表す動詞"爱、喜欢" 104

主語＋爱／喜欢＋名詞／動詞（句）　否定：不爱／不喜欢

我爱你。　　我喜欢猫，不喜欢狗。
我会做鱼，你爱吃鱼吗？　　你喜欢做什么？——我喜欢看电影。

---

★副詞"都" 105

すべて、例外のない事を強調する

主語 ＋ 都 ＋ 動詞（句）

我们都是留学生。　这些照片都是我拍的。
我每天都去游泳。　跳舞、做饭、踢足球，我都喜欢。

## 4 技能

**1** 聞こえた内容と一致していれば○を、違っていれば×をつけましょう。 106

① （○） ② （　） ③ （　） ④ （　） ⑤ （　） ⑥ （　）

**2** 禁止の標識を作りましょう。 108

聞こえた内容に従って、禁止されているものには、標識に赤い丸と斜線を書き入れましょう。

例（抽烟）

107

**語彙**

很多 hěn duō　とても多い
抽烟 chōu yān　タバコを吸う
打电话 dǎ diànhuà　電話をかける
唱卡拉OK chàng kǎlā OK　カラオケを歌う
画画儿 huà huàr　絵をかく
弹钢琴 tán gāngqín　ピアノを弾く

109

次の4人について言いましょう。

例①　A：张 老师 的 爱好 是 什么？
Zhāng lǎoshī de àihào shì shénme?

B：她 的 爱好 是 唱 歌。
Tā de àihào shì chàng gē.

A：她 会 跳 舞 吗？
Tā huì tiào wǔ ma?

B：不 会，她 不 喜欢 跳 舞。
Bú huì, tā bù xǐhuan tiào wǔ.

| ①张老师 (Zhāng lǎoshī) | ②白露 (Báilù) | ③健一 (Jiànyī) | ④妙子 (Miàozǐ) |
|---|---|---|---|
| 唱歌 (chàng gē) | 摄影 (shèyǐng) | 打篮球 (dǎ lánqiú) | 听音乐 (tīng yīnyuè) |
| 跳舞 (tiào wǔ) | 画画儿 (huà huàr) | 踢足球 (tī zúqiú) | 弹钢琴 (tán gāngqín) |

## ① 妙子的爱好 111

大家 好！我 是 千叶 妙子。我 的 爱好 是 听 音乐，我 喜欢 听 日本
Dàjiā hǎo! Wǒ shì Qiānyè Miàozǐ. Wǒ de àihào shì tīng yīnyuè, wǒ xǐhuan tīng Rìběn

流行 音乐。我 最 喜欢 岚， 我 是 岚 的 粉丝。你们 喜欢 岚 吗？
liúxíng yīnyuè. Wǒ zuì xǐhuan Lán (A·RA·SHI), wǒ shì Lán de fěnsī. Nǐmen xǐhuan Lán ma?

## ② 健一妹妹的爱好 112

我 妹妹 的 爱好 是 画 画儿，她 会 画 漫画 和 油画。她 爱 画
Wǒ mèimei de àihào shì huà huàr, tā huì huà mànhuà hé yóuhuà. Tā ài huà

动物，她 最 爱 画 小 猫 和 小 狗。她 的 画儿 很 可爱。
dòngwù, tā zuì ài huà xiǎo māo hé xiǎo gǒu. Tā de huàr hěn kě'ài.

110

**語彙**

流行音乐 liúxíng yīnyuè ポップス
粉丝 fěnsī ファン
漫画 mànhuà 漫画
油画 yóuhuà 油絵
动物 dòngwù 動物
小 xiǎo 小さい

次の文を参考にして、「私の趣味」を書きましょう。

大家好！ 我是…。我的爱好是…，我喜欢…，我最喜欢…。我会…，我爱…，我最爱…。

## 確認

中国語に訳しましょう。

1. あなたの趣味は何ですか？　　　—私の趣味は音楽を聴くことです。

2. あなたは中国語が話せますか？　　　—話せます。

3. お尋ねしますが、ここで写真をとってもいいですか？
　—すみません、ここは写真をとってはいけません。

4. あなたは何をするのが好きですか？　—私はサッカーをするのが一番好きです。

5. どのカメラがあなたのですか？　　　—これらのカメラはすべて私のです。

6. (“爱”を用いて) 健一はバスケットボールをするのが好きです。彼は毎日いつもバスケットボールをしに行きます。

## 発展

趣味を紹介しましょう

「写写」でまとめた「私の趣味」を発表しましょう。

# 第 6 课　你在做什么呢？

話題：行事
目標（Can-do）：進行中の行動（様子、状態、程度など）について会話できる

## 語彙

**1** 中国語で何といいますか。

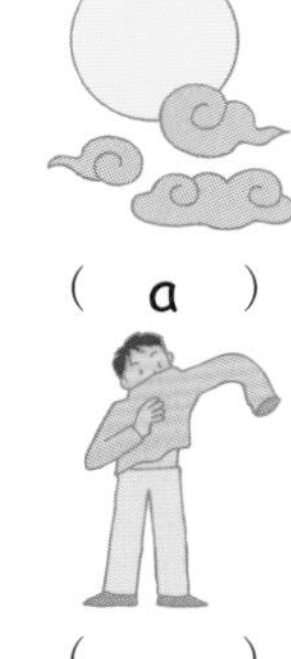   

（ a ）　（　　）　（　　）　（　　）

（　　）　（　　）　（　　）　（　　）

| | | | |
|---|---|---|---|
| a. 中秋节<br>Zhōngqiūjié | b. 月饼<br>yuèbǐng | c. 蛋糕（ケーキ）<br>dàngāo | d. 准备（準備する）<br>zhǔnbèi |
| e. 帮助<br>bāngzhù | f. 找　手机（携帯を探す）<br>zhǎo shǒujī | g. 穿　衣服<br>chuān yīfu | h. 开　晚会（夜会を開く）<br>kāi wǎnhuì |

**2** 読みましょう。 113

**3** 聞いて選びましょう。 114

(1)
a. 准备早饭
b. 准备晚饭
c. 准备晚会

(2)
a. 吃月饼
b. 吃早饭
c. 吃晚饭

(3)
a. 准备晚会
b. 准备做饭
c. 准备做菜

(4)
a. 帮助妈妈做菜
b. 帮助爸爸做菜
c. 帮助姐姐做菜

(5)
a. 找月饼
b. 找手机
c. 找衣服

(6)
a. 看电视
b. 吃蛋糕
c. 穿衣服

(7)
a. 开晚会
b. 打篮球
c. 学汉语

## 会話

### 1 電話で 115

妙子：白露，你 在 做 什么 呢？
Báilù, nǐ zài zuò shénme ne?

白露：我 正在 买 月饼 呢。你 呢？
Wǒ zhèngzài mǎi yuèbǐng ne. Nǐ ne?

妙子：我 在 准备 中秋 晚会。
Wǒ zài zhǔnbèi Zhōngqiū wǎnhuì.

白露：好，一会儿 见。
Hǎo, yíhuìr jiàn.

在 zài …している　正在…呢 zhèngzài…ne ちょうど…しているところだ　买 mǎi 買う
一会儿 yíhuìr しばらく　见 jiàn 会う

### 2 寮のキッチンで 116

白露：这 是 我 买 的 月饼。
Zhè shì wǒ mǎi de yuèbǐng.

健一：月饼？ 太 好 了！
Yuèbǐng? Tài hǎo le!

白露：这 是 妙子 做 的 蛋糕。
Zhè shì Miàozǐ zuò de dàngāo.

健一：（一口食べて）做 得 真 好吃。
Zuò de zhēn hǎochī.

太好了 tài hǎo le やった、よかった　得 de 動詞に付き、程度や状態を表す補語を導く
好吃 hǎochī 美味しい

### 3 117

健一：谁 是 樱井？
Shéi shì Yīngjǐng?

白露：唱着 歌 的 那 个 男生。他 长 得 真 帅！
Chàngzhe gē de nà gè nánshēng. Tā zhǎng de zhēn shuài!

健一：我 长 得 也 帅。
Wǒ zhǎng de yě shuài.

白露：臭 美。
Chòu měi.

着 zhe …している、してある　男生 nánshēng 男子学生　长 zhǎng 成長する
帅 shuài ハンサムである　臭美 chòu měi 格好をつける、思い上がる

上記の三つの会話を用いて、ペアでロールプレイをしましょう。

## 文法

### 1 副詞“在” 119

動作の進行を表す。

（正）在＋動詞（句）（＋呢） …している
正在～呢：ちょうど～しているところだ

你在做什么？ 我在打篮球呢。 妈妈正在准备晚饭。 爸爸正在买月饼呢。

### 2 様態補語 120

動作や状態の程度を表す

動詞＋得＋（程度副詞）＋ 形容詞 …のしかたが…だ／…するのが…だ

他长得很帅。 他唱得好不好？ 我睡得不晚。 你吃得真少。

118
**語彙**
门 mén ドア
开 kāi 開く
红色 hóngsè 赤い色
教 jiāo 教える

### 3 動態助詞“着” 121

動作や状態の持続を表す

主語＋動詞＋着（＋目的語） …している、…してある

门开着。 唱着歌的男生是谁？ 她穿着红色的衣服。

### 4 動詞句＋名詞 122

動詞句＋的＋名詞

教汉语的老师 我妈妈做的蛋糕

★中国の祝日 123

|  |  |  |  |  |
|---|---|---|---|---|
| 春节<br>Chūnjié<br>春節 | 元宵节<br>Yuánxiāojié<br>元宵節、小正月 | 清明节<br>Qīngmíngjié<br>清明節 | 端午节<br>Duānwǔjié<br>端午の節句 | 中秋节<br>Zhōngqiūjié<br>中秋節 |

## 4技能

**1** 聞こえた内容と一致していれば○を、違っていれば×をつけましょう。 125

| ① | ② | ③ | ④ | ⑤ | ⑥ |
|---|---|---|---|---|---|
|  |  |  |  |  |  |
| （○） | （　） | （　） | （　） | （　） | （　） |

124

**語彙**

| | |
|---|---|
| 咖喱饭 gālífàn　カレーライス | 黑 hēi　黒 |
| 白 bái　白 | 女的 nǚde　女 |
| 裙子 qúnzi　スカート | 男的 nánde　男 |

说说 shuōshuo 126

パーティーに参加しているこれらの人の行動について会話しましょう。

例①　A：健一在做什么呢？　Jiànyī zài zuò shénme ne?

B：他正在唱中国歌呢。　Tā zhèng zài chàng Zhōngguó gē ne.

A：他会唱中国歌吗？　Tā huì chàng Zhōngguó gē ma?

B：会，他唱得很好。　Huì, tā chàng de hěn hǎo.

例②　A：哪个是健一？　Nǎ gè shì Jiànyī?

B：穿着黑衣服的那个。　Chuānzhe hēi yīfu de nà gè.

A：他长得真帅！　Tā zhǎng de zhēn shuài!

パーティー

健一
唱中国歌・黑衣服

妙子
做菜・白衣服

白露
拍照・红裙子

王老师
跳舞・黑裙子

## ① 中秋晚会 128

今天 是 中秋节，我们 正 在 开 中秋 晚会 呢。这 是 白露 买 的
Jīntiān shì Zhōngqiūjié, wǒmen zhèng zài kāi Zhōngqiū wǎnhuì ne. Zhè shì Báilù mǎi de

月饼，这 是 妙子 做 的 蛋糕，那 是 白露 做 的 中国 菜。你 看，唱
yuèbǐng, zhè shì Miàozǐ zuò de dàngāo, nà shì Báilù zuò de Zhōngguó cài. Nǐ kàn, chàng

着 歌 的 那 个 是 伊藤，他 唱 得 真 好，长 得 真 帅！
zhe gē de nà gè shì Yīténg, tā chàng de zhēn hǎo, zhǎng de zhēn shuài!

## ② 中秋节 129

中秋节 也 叫 团圆节，是 中国 传统 文化 节日。中秋节 在 农历
Zhōngqiūjié yě jiào tuányuánjié, shì Zhōngguó chuántǒng wénhuà jiérì. Zhōngqiūjié zài nónglì

八 月 十五，有 一 千 多 年 的 历史。中秋节 有 祭 月、赏 月、吃 月饼
bā yuè shíwǔ, yǒu yì qiān duō nián de lìshǐ. Zhōngqiūjié yǒu jì yuè、shǎng yuè、chī yuèbǐng

等 习俗。中秋节 以 月 圆 象征 团圆，表达 人们 思念 故乡、想念
děng xísú. Zhōngqiūjié yǐ yuè yuán xiàngzhēng tuányuán, biǎodá rénmen sīniàn gùxiāng、xiǎngniàn

家人 的 感情。
jiārén de gǎnqíng.

127

| | |
|---|---|
| 团圆 tuányuán 団欒 | 传统 chuántǒng 伝統 |
| 文化 wénhuà 文化 | 节日 jiérì 祝日 |
| 农历 nónglì 旧暦 | 多 duō 余り |
| 历史 lìshǐ 歴史 | 祭 jì 祭る |
| 赏月 shǎng yuè 月見 | 等 děng など |
| 习俗 xísú 習俗 | 以 yǐ …で |
| 象征 xiàngzhēng 象徴する | 表达 biǎodá 表す |
| 人们 rénmen 人々 | 思念 sīniàn 恋しく思う |
| 故乡 gùxiāng 故郷 | 想念 xiǎngniàn 恋しく思う |
| 家人 jiārén 家族 | 感情 gǎnqíng 感情 |

次の文を参考にして、パーティーについて書きましょう。

今天是…，我们正在…呢。这是…，那是…，…。你看，唱着歌的那个是…。她唱得…，长得…。

## 確認

中国語に訳しましょう。

1. あなたは何をしていますか？　—私はちょうど夕飯を準備しているところです。

2. 弟はちょうど服を着ているところです。弟は今日白い服を着ています。

3. 歌を歌っているあの女の子は誰ですか？
　—彼女は張先生の娘です。彼女は本当に上手です。（"唱得"を用いて）

4. これは妙子が作った料理です。　—本当に美味いです！（"做得"を用いて）

5. 今日は中秋節です。見て、これは白露が買った月餅、あれは白露が作ったケーキです。

6. ダンスをしているあの女の子は、あなたのお兄さんの彼女ですか？彼女は本当に綺麗です。（"女生""长得"を用いて）

1 2 3 4 5 6 7 8 9 10 11 12 13 14 15 16

## 発展

「写写」で書いたパーティーについて発表しましょう。

第 7 课

# 你觉得行吗？

話題：意向と願望
目標 (Can-do)：意向、希望、可能性について会話できる

## 語彙

**1** 中国語で何といいますか。

( e )

(　　)

(　　)

(　　)

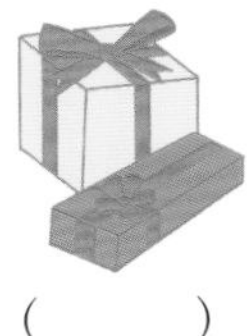
(　　)

(　　)

(　　)

(　　)

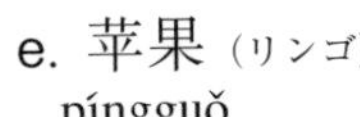
a. 送 礼物（プレゼントする）
sòng lǐwù

b. 杯子
bēizi

c. 巧克力
qiǎokèlì

d. 水果（フルーツ）
shuǐguǒ

e. 苹果（リンゴ）
píngguǒ

f. 西瓜
xīguā

g. 手表（腕時計）
shǒubiǎo

h. 电脑
diànnǎo

**2** 読みましょう。 130

**3** 聞いて選びましょう。 131

(1)
a. 杯子
b. 巧克力
c. 水果

(2)
a. 巧克力
b. 水果
c. 苹果

(3)
a. 杯子
b. 水果
c. 苹果

(4)
a. 西瓜
b. 苹果
c. 巧克力

(5)
a. 巧克力
b. 手机
c. 手表

(6)
a. 手表
b. 手机
c. 电脑

(7)
a. 手表
b. 电视
c. 电脑

## 会話

### ネットショッピングの画面を見ながら

1 132

妙子：白露 的 生日 快 到 了。
Báilù de shēngrì kuài dào le.

健一：你 想 送 她 什么？
Nǐ xiǎng sòng tā shénme?

妙子：小 钟表。你 觉得 行 吗？
Xiǎo zhōngbiǎo. Nǐ juéde xíng ma?

健一：生日 不 能 送 钟表，不 吉利。
Shēngrì bù néng sòng zhōngbiǎo, bù jílì.

生日 shēngrì 誕生日　快…了 kuài…le もうすぐ…　到 dào …になる、達する
想 xiǎng …したい　送 sòng 贈る　钟表 zhōngbiǎo 置き時計、掛け時計
觉得 juéde …と思う　行 xíng よろしい　能 néng …できる　吉利 jílì 縁起がいい

2 133

妙子：（考え直し）送 杯子 好 吗？
Sòng bēizi hǎo ma?

健一：不 错，她 可能 会 喜欢。
Bú cuò, tā kěnéng huì xǐhuan.

妙子：这 个 怎么样？
Zhè gè zěnmeyàng?

健一：我 觉得 太 大 了。
Wǒ juéde tài dà le.

不错 bú cuò よい、すばらしい　可能 kěnéng たぶん…　会 huì …のはずである

3 134

妙子：你 要 送 她 什么 呢？
Nǐ yào sòng tā shénme ne?

健一：我 想 送 她 这 件 衣服。
Wǒ xiǎng sòng tā zhè jiàn yīfu.

妙子：不 错，很 可爱。
Bú cuò, hěn kě'ài.

健一：希望 她 能 喜欢。
Xīwàng tā néng xǐhuan.

要 yào …したい　呢 ne 語気助詞　件 jiàn （量詞）上着や事柄に用いる　希望 xīwàng 希望する

上記の三つの会話にそって、ペアで自分たちのことを言いましょう。

## 文法

### 1 助動詞“想、要” 136

主語＋想／要＋動詞（句）　…したい　否定：不想

晚上你想做什么？　　我想睡觉，我不想学习。
你要买什么？　　我要买杯子，我不想买衣服。

### 2 意向と願望を表す動詞“觉得”と“希望” 137

●觉得：感じる、思う（意向や考えを表す）

你觉得怎么样？　我觉得太贵了。　我觉得这个不太好。

●希望：希望する、望む（願望を表す）

希望她能喜欢。　我希望明天去。　我不希望他来我家。

### 3 助動詞“能”と“可能” 138

●能　：動詞の前に用いる
① できる（具体的な能力や条件的な可能性を表す）　否定：不能（できない）
② 否定形“不能”で禁止を表す：…してはいけない（＝不可以）

你明天能来吗？　他能说汉语。　生日不能送钟表。

●可能：動詞あるいは主語の前に用い、推測を表す：たぶん…、…かもしれない

他可能不能来。　明天可能下雨。　可能她不知道这件事。

### 4 助動詞“会”（可能性を表す） 139

主語＋会＋動詞（句）　…のはずだ、…だろう

明天会下雨吗？——不会下雨。
她会喜欢吗？——她会喜欢的。

135 語彙
贵 guì　（値段が）高い
知道 zhīdào　知っている
下雨 xià yǔ　雨が降る
事 shì　こと
甜 tián　甘い
便宜 piányi　安い

★感嘆句の言い方 140

苹果真甜！　你的衣服真漂亮！　太便宜了！　太棒了！

## 4 技能

**1** 聞こえた順に番号をつけましょう。 🔊142

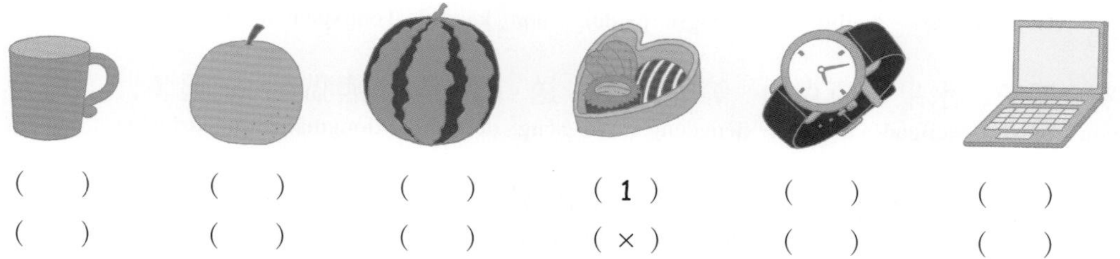


**2** もう 1 度聞いて、肯定的な意見には○を、否定的な意見には×をつけましょう。

🔊141

🔊143

身近な人の誕生日に、プレゼントを購入する場面の会話をしてみましょう。

例① 店員：您 要 买 什么？
Nín yào mǎi shénme?

客：我 要 买 电脑。我 爷爷 的 生日 我 想 送 他 电脑。
Wǒ yào mǎi diànnǎo. Wǒ yéye de shēngrì wǒ xiǎng sòng tā diànnǎo.

例② 店員：这 个 电脑，您 觉得 行 吗？
Zhè gè diànnǎo, nín juéde xíng ma?

客：我 觉得 不 错，他 可能 会 喜欢。
Wǒ juéde bú cuò, tā kěnéng huì xǐhuan.

店員：希望 他 能 喜欢。
Xīwàng tā néng xǐhuan.

### 健一送的生日礼物 145

我 参加了 白露 的 生日 派对，很 开心！同学们 送 她 很多 礼物，
Wǒ cānjiāle Báilù de shēngrì pàiduì, hěn kāixīn! Tóngxuémen sòng tā hěnduō lǐwù,

有 杯子、水果、巧克力 等等。我 送 的 是 熊猫 玩偶装， 因为 我
yǒu bēizi、shuǐguǒ、qiǎokèlì děngděng. Wǒ sòng de shì xióngmāo wán'ǒuzhuāng, yīnwèi wǒ

觉得 这 件 衣服 很 可爱，我 希望 她 在 日本 的 留学 生活 快乐。我
juéde zhè jiàn yīfu hěn kě'ài, wǒ xīwàng tā zài Rìběn de liúxué shēnghuó kuàilè. Wǒ

的 生日 礼物 不 贵，但是 表达着 我 对 好 友 的 衷心 祝福。
de shēngrì lǐwù bú guì, dànshì biǎodázhe wǒ duì hǎo yǒu de zhōngxīn zhùfú.

144

**語彙**

| | |
|---|---|
| 参加 cānjiā 参加する | 派对 pàiduì パーティー |
| 开心 kāixīn 楽しい | 同学 tóngxué 同級生 |
| 熊猫 xióngmāo パンダ | 玩偶装 wán'ǒuzhuāng 着ぐるみ |
| 因为 yīnwèi …なので | 但是 dànshì しかし |
| 好友 hǎo yǒu 親しい友 | 衷心 zhōngxīn 心からの |
| 祝福 zhùfú 祝福 | |

次の文を参考にして、プレゼントについて書きましょう。

…号是…的生日，我正在准备生日礼物。我想送…，因为我觉得…。希望…。

## 確認

中国語に訳しましょう。

1 もうすぐ妙子の誕生日です。あなたは彼女に何をプレゼントしたいですか？

2 チョコレートを贈りたいですが、あなたはいいと思いますか？（“行吗”を用いて）
—私はいいと思います。（“不错”を用いて）

3 いらっしゃいませ。何をお求めですか？（“欢迎光临” Huānyíng guānglín を用いて）
—もうすぐ中秋節になるので、月餅を買いたいです。梨は買いたくありません。

4 明日は雨が降るかしら？　—雨は降るはずがないと思います。

5 彼は来られますか？　—たぶん来られるでしょう。

6 私は9月に中国に行けることを望んでいます。

## 発展

「写写」で書いたプレゼントについて発表しましょう。

礼物

# 第8课 怎么了？

話題：健康
目標 (Can-do)：健康、体調、病気、症状、薬について会話できる

## 語彙

**1** 中国語で何といいますか。

( a )

(  )

(  )

(  )

(  )

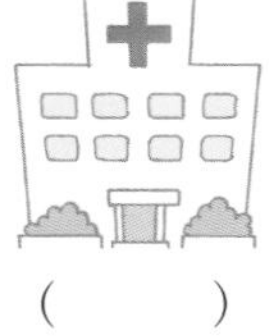
(  )

(  )

(  )

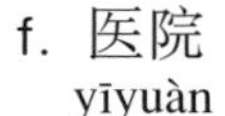
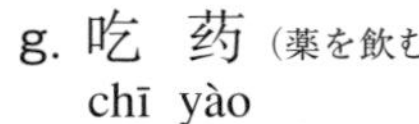

a. 累（疲れる）
lèi

b. 头 疼（頭痛）
tóu téng

c. 感冒（風邪）
gǎnmào

d. 发 烧（熱が出る）
fā shāo

e. 生 病（病気になる）
shēng bìng

f. 医院
yīyuàn

g. 吃 药（薬を飲む）
chī yào

h. 休息
xiūxi

**2** 読みましょう。 146

**3** 聞いて書きましょう。 147

⑴ 我 累 了。　⑵ 他 ＿＿ 了。　⑶ 爷爷 ＿＿ 了。

⑷ 她 ＿＿ 了。　⑸ 她 ＿＿。

⑹ 她头疼，她去 ＿＿ 了。　⑺ 她累了，她 ＿＿ 了。

## 会話

### 白露の部屋で

1 148

妙子：要 去 上 课 了，你 怎么 还 没 起 床？
Yào qù shàng kè le, nǐ zěnme hái méi qǐ chuáng?

白露：我 不 舒服。
Wǒ bù shūfu.

妙子：你 怎么 了？
Nǐ zěnme le?

白露：我 感冒 了。
Wǒ gǎnmào le.

怎么 zěnme なぜ、どうして　舒服 shūfu 気分がよい　还 hái まだ
怎么了 zěnme le どうしたの

2 149

妙子：你 哪儿 不 舒服？
Nǐ nǎr bù shūfu?

白露：头 疼，可能 发 烧 了。
Tóu téng, kěnéng fā shāo le.

妙子：等 一下，我 给 你 感冒 药。
Děng yíxià, wǒ gěi nǐ gǎnmào yào.

白露：谢谢 你！
Xièxie nǐ!

等 děng 待つ　一下 yíxià ちょっと（…する、…してみる）　给 gěi 与える、やる

3 150

（放課後、健一は白露の部屋にお見舞いにやってきた）

健一：白露，你 好 些 了 吗？
Báilù, nǐ hǎo xiē le ma?

白露：吃了 两 次 药，好 多 了。
Chīle liǎng cì yào, hǎo duō le.

健一：我 给 你 买了 一些 苹果。
Wǒ gěi nǐ mǎile yìxiē píngguǒ.

白露：谢谢，有 你们，我 真 幸福。
Xièxie, yǒu nǐmen, wǒ zhēn xìngfú.

（一）些 (yì) xiē いくらか　次 cì 回、度、遍　多了 duō le ずっと、かなり
给 gěi …に（前置詞、第 10 課参照）　幸福 xìngfú 幸せである

上記の三つの会話にそって、ペアで自分たちのことを言いましょう。

## 文法

### 1 語気助詞"了"（変化を表す） 152

名詞／形容詞／数量詞＋了

几点了？　冬天了。天冷了。　你多大了？——我今年 20 了。

### 2 動態助詞"了"（発生と完了を表す） 153

否定："了"をとり、没 V（…しなかった）、还没 V（まだ…していない）

主語＋動詞（句）＋了　主語＋動詞＋了＋数量フレーズ　…した

她生病了。　你买什么了？——我买了两本书。　他唱了两首歌。

她没去医院。　她吃药了吗？——她还没吃药。

### 3 "要 / 就要 / 快要 / 快…了" 154

要 / 就要 / 快要 / 快＋動詞（句）＋了　まもなく、もうすぐ…だ、する

要去上课了。　快迟到了。　快要开始了。　他就要来了。

### 4 二重目的語文 155

主語＋ 给 / 送 / 教 ＋ 間接目的語（人）＋直接目的語（物）

她给了我一些药。　你送她什么？

张老师教我们汉语。

151
語彙
首 shǒu （量詞）曲
开始 kāishǐ 開始する

★身体状況の言い方 156

感冒
gǎnmào
風邪、風邪を引く

发 烧
fā shāo
熱が出る

头 疼
tóu téng
頭が痛い

嗓子 疼
sǎngzi téng
のどが痛い

肚子 疼
dùzi téng
お腹が痛い

流 鼻涕
liú bítì
はなを垂らす

## 4 技能

**1** 聞こえた順に番号をつけましょう。 🔊 158

| | | | | | | |
|---|---|---|---|---|---|---|
| | ( ) | ( ) | ( 1 ) | ( ) | ( ) | ( ) |
| 去医院 | ( ) | ( ) | ( × ) | ( ) | ( ) | ( ) |
| 吃药 | ( ) | ( ) | ( ○ ) | ( ) | ( ) | ( ) |

**2** もう一度を聞いて、下の二つの項目に○か×をつけましょう。

🔊 159

🔊 157

語彙

天 tiān 日（間）

下記の人達の症状について会話しましょう。

| 白露 | 妙子 | 健一 | 张老师 | 王老师 | 李老师 |
|---|---|---|---|---|---|
| 头疼 | 嗓子疼 | 肚子疼 | 感冒了 | 发烧了 | 生病了 |
| 一天 | 两天 | 三天 | 一天 | 两天 | 三天 |

例① A：要 上课 了，白露 怎么 还 没 来？
Yào shàngkè le, Báilù zěnme hái méi lái?

B：她 不 舒服。
Tā bù shūfu.

A：她 怎么 了？
Tā zěnme le?

B：她 头 疼。
Tā tóu téng.

A：几 天 了？
Jǐ tiān le?

B：一 天 了。
Yì tiān le.

例② A：她 去 医院 了 吗？
Tā qù yīyuàn le ma?

B：没 去 医院。
Méi qù yīyuàn.

A：她 吃 药 了 吗？
Tā chī yào le ma?

B：吃了 两 次。
Chīle liǎng cì.

🔊 161

1 健一 今天 没 去 上 课，他 不 舒服，感冒 了，头 疼、嗓子 疼。他 去 医院 看 病，医生 告诉 他：你 感冒 了，发 烧 38 度 5。医生 给了 他 一些 感冒 药。吃了 药，休息了 两 天，他 的 感冒 好 多 了。

Jiànyī jīntiān méi qù shàng kè, tā bù shūfu, gǎnmào le, tóu téng、sǎngzi téng. Tā qù yīyuàn kàn bìng, yīshēng gàosu tā: nǐ gǎnmào le, fā shāo sānshíbā dù wǔ. Yīshēng gěile tā yìxiē gǎnmào yào. Chīle yào, xiūxile liǎng tiān, tā de gǎnmào hǎo duō le.

🔊 162

2 已经 10 点 了，第一 节 课 快 要 下 课 了。健一 生 病 了，没 来 上 课。妙子 也 生 病 了，她 也 没 来 上 课。白露 没 生 病，可是 今天 早上 没 起 床。上 个 星期 她 爸爸 来 日本，他们 俩 一起 去 旅游，她 累 了。他们 三 个 人 都 给 张 老师 发 邮件，告诉 老师 不 能 去 上 课。

Yǐjīng shí diǎn le, dì-yī jié kè kuài yào xià kè le. Jiànyī shēng bìng le, méi lái shàng kè. Miàozǐ yě shēng bìng le, tā yě méi lái shàng kè. Báilù méi shēng bìng, kěshì jīntiān zǎoshang méi qǐ chuáng. Shàng gè xīngqī tā bàba lái Rìběn, tāmen liǎ yìqǐ qù lǚyóu, tā lèi le. Tāmen sān gè rén dōu gěi Zhāng lǎoshī fā yóujiàn, gàosu lǎoshī bù néng qù shàng kè.

🔊 160

語彙

| | |
|---|---|
| 看病 kànbìng 診察する | 医生 yīshēng 医者 |
| 告诉 gàosu 告げる | 俩 liǎ ふたり |
| 发邮件 fā yóujiàn メールを送る | 请假条 qǐngjiàtiáo 欠席届 |
| 尊敬 zūnjìng 尊敬する | 请假 qǐngjià 休みをもらう |
| 批准 pīzhǔn 許可を与える | |

次の文を参考にして、張先生に欠席届のメールを書きましょう。

请假条

尊敬的张老师：

今天，我感冒发烧了，不能去学校上课，请假一天，请批准。

请假人：…

…年…月…日

## 確認

中国語に訳しましょう。

1 8時半になったが、彼女はまだ起きていません。

2 あなたはどうしましたか？　—私は気分が悪く、風邪を引きました。

3 どこが気分悪いですか？　—頭が痛く、喉も痛く、熱が出たかもしれません。

4 あなたは薬を何回飲みましたか？　—2回飲みました。

5 ちょっと待って下さい、もうすぐ授業が終わります。

6 白露は妙子に風邪薬を少しあげました。(“一些感冒药”を用いて)

1 2 3 4 5 6 7 8 9 10 11 12 13 14 15 16

## 発展

「写写」で書いた欠席届を発表しましょう。

请假

# 第9课 你是怎么去的？

話題：旅行とアクセス
目標（Can-do）：旅行、交通アクセス、その感想について会話できる

## 語彙

**1** 中国語で何といいますか。

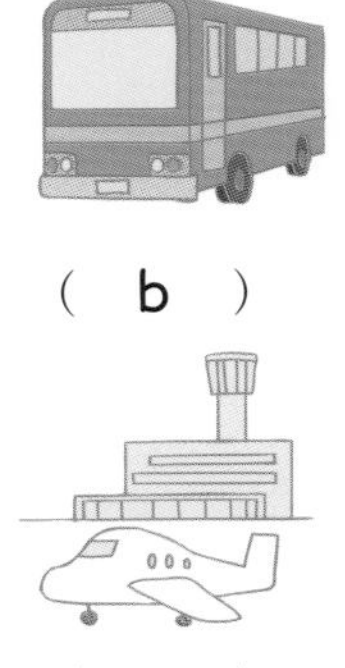

（　b　）　（　　）　（　　）　（　　）

（　　）　（　　）　（　　）　（　　）

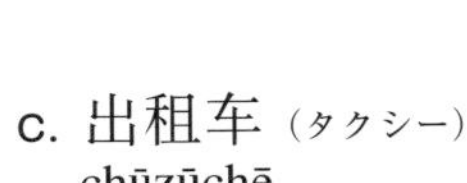

a. 地铁 dìtiě　　b. 公共 汽车（バス） gōnggòng qìchē　　c. 出租车（タクシー） chūzūchē　　d. 自行车 zìxíngchē

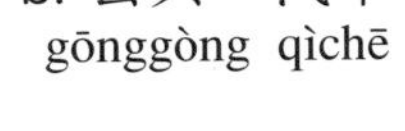
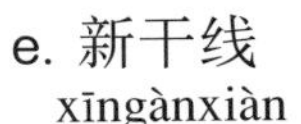

e. 新干线 xīngànxiàn　　f. 飞机 fēijī　　g. 机场（空港） jīchǎng　　h. 车站（駅） chēzhàn

**2** 読みましょう。 🔊163

**3** 聞いて書きましょう。 🔊164

(1) 我是坐 公共汽车 去的。　　(2) 我是骑 ＿＿＿＿ 去的。

(3) 我是坐 ＿＿＿＿ 去的。　　(4) 我是坐 ＿＿＿＿ 去的。

(5) 我是坐 ＿＿＿＿ 去的。　　(6) 我是坐 ＿＿＿＿ 去的。

※坐 zuò 乗る　　骑 qí（またがって）乗る

## 会話

### 1 寮で 165

妙子：你 去过 温泉 吗？
Nǐ qùguo wēnquán ma?

白露：去过，我 去过 秋保 温泉。
Qùguo, wǒ qùguo Qiūbǎo wēnquán.

妙子：你 是 什么 时候 去 的？
Nǐ shì shénme shíhou qù de?

白露：我 是 4 月 去 的。
Wǒ shì sì yuè qù de.

过 guo …したことがある　温泉 wēnquán 温泉　什么时候 shénme shíhou いつ

### 2 166

妙子：周末 去 摘 草莓，泡 温泉，怎么样？
Zhōumò qù zhāi cǎoméi, pào wēnquán, zěnmeyàng?

白露：好！ 咱们 怎么 去？
Hǎo! Zánmen zěnme qù?

妙子：坐 公共 汽车 去。
Zuò gōnggòng qìchē qù.

白露：从 宿舍 到 那儿 有 多 远？
Cóng sùshè dào nàr yǒu duō yuǎn?

妙子：大约 40 分钟。
Dàyuē sìshí fēnzhōng.

摘草莓 zhāi cǎoméi イチゴ狩り　泡温泉 pào wēnquán 温泉につかる　咱们 zánmen われわれ
怎么 zěnme どのように　从 cóng …から　到 dào …まで　远 yuǎn 遠い
大约 dàyuē 大体　分钟 fēnzhōng …分間

### 3 キャンパスで 167

健一：上 周末 的 旅行 愉快 吗？
Shàng zhōumò de lǚxíng yúkuài ma?

白露：不 太 愉快。
Bú tài yúkuài.

健一：为 什么？
Wèi shénme?

白露：我们 俩 吃 多 了，都 吃坏 肚子 了。
Wǒmen liǎ chī duō le, dōu chīhuài dùzi le.

旅行 lǚxíng 旅行　坏 huài 悪い、壊れる、壊す

上記の三つの会話にそって、ペアで自分たちのことを言いましょう。

## 文法

### 1 動態助詞："过" 169

過去の経験を表す

**主語＋動詞＋过＋名詞** …したことがある　否定：没 V 过

我去过中国。　　我没吃过烤鸭。　　他学过汉语吗？

### 2 "是…的"（過去の行為における時間、場所、方法などを強調する） 170

**主語＋是＋時間／場所／方法＋動詞＋的** …したのだ

你是什么时候来的？　——我是昨天来的。

我们是在北京认识的。　我是坐地铁去的。

### 3 特殊疑問文（"什么时候、怎么、为什么"） 171

**主語＋什么时候／怎么／为什么＋動詞（句）** いつ／どのように／どうして

你什么时候回家？　这个字怎么读？

你为什么学汉语？　我不喜欢旅游。——为什么？

### 4 "多"＋形容詞 172

**多＋形容詞（远／高／长／宽）** どのくらい…か

从你家到学校有多远？　你多高？——我一米八。

长城有多长？　这张床多宽？

語彙 168

烤鸭 kǎoyā　北京ダック
长城 Chángchéng　長城
高 gāo　高い
长 cháng　長い
宽 kuān　幅が広い
电车 diànchē　電車
船 chuán　船

**★交通手段の言い方** 173

坐【飞机、新干线、地铁、电车、公共汽车、出租车、船】

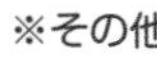

骑摩托车
qí mótuōchē
オートバイに乗る

骑自行车
qí zìxíngchē
自転車に乗る

开车
kāi chē
運転する

走着
zǒuzhe
歩いて

## 4 技能

4つの会話を聞いて、下記の5つの質問に答えましょう。 🔊175

| | ① | ② | ③ | ④ |
|---|---|---|---|---|
| Q1 以前去过吗？ | 没去过 | | | |
| Q2 这是第几次？ | 第一次 | | | |
| Q3 和谁一起去的？ | 女儿 | | | |
| Q4 怎么去的？ | 坐新干线 | | | |
| Q5 要多长时间？ | 三个小时 | | | |

🔊174

**語彙**

以前 yǐqián 以前　暑假 shǔjià 夏休み
要 yào かかる　多长时间 duō cháng shíjiān どのぐらいの時間
小时 xiǎoshí 時間　寒假 hánjià 冬休み
大巴 dàbā 大型バス

### 说说 shuōshuo　🔊176

【ビンゴゲーム】クラスメートにインタビューして、次のビンゴを完成させましょう。

★インタビューでの質問

① 你 去过 京都 吗？
Nǐ qùguo Jīngdū ma?

② 你 是 什么 时候 去 的？
Nǐ shì shénme shíhou qù de?

③ 你 是 怎么 去 的？
Nǐ shì zěnme qù de?

## 健一的暑假旅行 178

暑假 我 和 中国 朋友 去 上海 了。她 是 上海人，我们 是 在 大学
Shǔjià wǒ hé Zhōngguó péngyou qù Shànghǎi le. Tā shì Shànghǎirén, wǒmen shì zài dàxué

认识 的。我 以前 没 去过 上海，这 是 第一 次。我们 是 坐 飞机 去
rènshi de. Wǒ yǐqián méi qùguo Shànghǎi, zhè shì dì-yī cì. Wǒmen shì zuò fēijī qù

的，我们 是 从 仙台 去 的。从 仙台 到 上海 坐 飞机 要 三 个 小时，
de, wǒmen shì cóng Xiāntái qù de. Cóng Xiāntái dào Shànghǎi zuò fēijī yào sān gè xiǎoshí,

很 快。上海 8 月 很 热，但是 上海人 很 热情，上海菜 很 好吃。
hěn kuài. Shànghǎi bā yuè hěn rè, dànshì Shànghǎirén hěn rèqíng, Shànghǎicài hěn hǎochī.

这 次 旅行 很 愉快。
Zhè cì lǚxíng hěn yúkuài.

 177

語彙
快 kuài 速い
热情 rèqíng 親切である

次の文を参考にして、「私の…旅行」について書きましょう。

我喜欢旅游。我去过…。我是…（いつ）去的。我是和…一起去的 /（あるいは）我是一个人去的。我（们）是…（交通手段）去的。…大约要…（時間）。…（感想）。

## 確認

中国語に訳しましょう。

1. あなたは北京に行ったことがありますか？
 —北京には行ったことがありませんが、上海には行ったことがあります。

2. あなたはいつ行ったのですか？ —私は夏休みに行ったのです。

3. あなたはどうやって行ったのですか？ —私は飛行機で行ったのです。

4. あなたと彼女はどこで知り合ったのですか？ —私達は大学で知り合ったのです。

5. あなたはなぜ中国語を勉強するのですか？
 —中国に旅行に行きたいからです。（“因为”を用いて）

6. あなたの家から大学までどのぐらい遠いですか。 —地下鉄で大体20分。



## 発展

旅行の想い出について話しましょう。

「写写」でまとめた「私の…旅行」を発表しましょう。

我的旅行！

# 第10课 你家离车站远吗？

話題：日常生活
目標 (Can-do)：休日の過ごし方、位置、方向、道順について会話できる

## 語彙

**1** 中国語で何といいますか。

( b )

(　　)

(　　)

(　　)

(　　)

(　　)

(　　)

(　　)

a. 看　动漫
kàn dòngmàn

b. 玩儿 (遊ぶ)
wánr

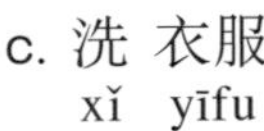
c. 洗　衣服
xǐ　yīfu

d. 买　东西 (買物をする)
mǎi　dōngxi

e. 公园
gōngyuán

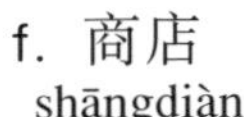
f. 商店
shāngdiàn

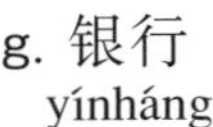
g. 银行
yínháng

h. 饭店 (ホテル)
fàndiàn

**2** 読みましょう。 179

**3** 聞いて書きましょう。 180

(1) 我去商店 买东西 。

(2) 我在家 ＿＿＿＿ 。

(3) 我跟朋友一起 ＿＿＿＿ 。

(4) 我跟弟弟一起 ＿＿＿＿ 。

(5) 我跟妈妈一起 ＿＿＿＿ 。

## 会話

### 寮で

**1** 181

白露：休息 的 时候，你 喜欢 做 什么？
Xiūxi de shíhou, nǐ xǐhuan zuò shénme?

妙子：听 音乐，我 对 音乐 有 兴趣。
Tīng yīnyuè, wǒ duì yīnyuè yǒu xìngqù.

白露：你 喜欢 谁 的 歌？
Nǐ xǐhuan shéi de gē?

妙子：我 最 喜欢 岚 的 歌。
Wǒ zuì xǐhuan Lán (A·RA·SHI) de gē.

| 时候 shíhou の時　对 duì …に　兴趣 xìngqù 興味

**2** 182

妙子：下 个 星期 天 我们 一起 去 唱 卡拉 OK 吧。
Xià gè xīngqī tiān wǒmen yìqǐ qù chàng kǎlā OK ba.

白露：那儿 离 学校 远 吗？
Nàr lí xuéxiào yuǎn ma?

妙子：不 远。从 学校 到 那儿，坐 地铁 5 分钟 就 能 到。
Bù yuǎn. Cóng xuéxiào dào nàr, zuò dìtiě wǔ fēnzhōng jiù néng dào.

白露：日程表 在 我 房间 里，一会儿 我 看看。
Rìchéngbiǎo zài wǒ fángjiān li, yíhuìr wǒ kànkan.

| 离 lí …から　就 jiù すぐに　日程表 rìchéngbiǎo スケジュール

**3** 183

白露：咱们 在 哪儿 集合？
Zánmen zài nǎr jíhé?

妙子：在 车站 旁边 的 星巴克。
Zài chēzhàn pángbiān de Xīngbākè.

白露：健一 知道 怎么 去 吗？
Jiànyī zhīdào zěnme qù ma?

妙子：我 给 他 打 电话，问问 他。
Wǒ gěi tā dǎ diànhuà, wènwen tā.

| 集合 jíhé 集まる　旁边 pángbiān 隣、横　星巴克 Xīngbākè スターバックス　问 wèn 聞く

上記の三つの会話にそって、ペアで自分たちのことを言いましょう。

# 文法

## 1 前置詞 185

前置詞は、名詞などの前に置かれて、前置詞句をつくり、動詞や形容詞を修飾する。

前置詞＋名詞 ＋ 動詞や形容詞

修飾する

まとめ

| | | | | |
|---|---|---|---|---|
| 対象 | (1) 跟 (gēn) | ：…と | 跟＋人（＋一起）＋動詞(句) | 我跟他一起去买东西。 |
| | (2) 给 (gěi) | ：…に | 给＋人＋動詞(句) | 我给爸爸打电话。 |
| | (3) 对 (duì) | ：…に対して | 对＋対象＋動詞(句) | 我对他说。我对音乐有兴趣。 |
| 空間方位 | (4) 从 (cóng) | ：…から | 从＋起点＋動詞(句) | 她刚从中国来。 |
| | (5) 向 (xiàng) | ：…へ | 向＋方向＋動詞(句) | 向前看。 |
| | (6) 往 (wǎng) | ：…へ | 往＋方向＋動詞(句) | 往右拐。一直往前走。 |
| | (7) 到 (dào) | ：…まで | 从＋起点＋到＋終点 | 从这儿到车站怎么走？ |
| | (8) 离 (lí) | ：…から、…まで | A ＋离＋ B ＋远 / 近 | 我家离大学很远。 |

## 2 方位名詞 186

| | |
|---|---|
| 方位名詞 | 【东、南、西、北、上、下、前、后、左、右、里、外】边<br>dōng nán xī běi shàng xià qián hòu zuǒ yòu lǐ wài bian<br>旁边 (pángbiān)、对面 (duìmiàn)、中间 (zhōngjiān) |
| 方位名詞句 | 人称代名詞 / 名詞 ＋ 方位名詞 |

车站在东边。　　前边那个人是谁？

我旁边这个人是李明。　　我家在银行后边。

## 3 名詞を場所化する“上、里” 187

手机在桌子上 (shang)。　　他在房间里 (li)。

## 4 動詞の重ね型 188

V（一）V　ちょっと…してみる

一会儿我看看。　　你试试这件衣服。

語彙 184

刚 gāng　…したばかりである
右 yòu　右
拐 guǎi　曲がる
一直 yìzhí　まっすぐに
走 zǒu　前に進む、歩く
试 shì　試す

★道順のたずね方 189

请问，车站在哪儿？　Qǐng wèn, chēzhàn zài nǎr?
请问，去车站怎么走？　Qǐng wèn, qù chēzhàn zěnme zǒu?
请问，车站离这儿远吗？　Qǐng wèn, chēzhàn lí zhèr yuǎn ma?

## 4 技能

**1** 次の４人の週末の過ごし方を聞き取りましょう。 191

洗衣服、看电视、看电视剧、看电影、看书、看动漫、听音乐、唱卡拉 OK、做饭、做菜、打篮球、打电话、买菜、买东西

| | 上午 | 下午 | 晚上 |
|---|---|---|---|
| 妙子 | 在宿舍洗衣服 | | |
| 健一 | | | |
| 白露 | | | |
| 张老师 | | | |

**2** 次の４人の家が駅を起点としてどこにあるのか、聞いて記入しましょう。 192

| | | |
|---|---|---|
| 医院 | | 商店 |
| 星巴克 | | 公园 |
| 饭店 | | 银行 张老师 |
| | 车站 | |

190

**語彙**

菜 cài　野菜、料理
丈夫 zhàngfu　夫
电视剧 diànshìjù　テレビドラマ

### 说说 shuōshuo 193

クラスメートにインタビューしましょう。

1. 你对什么有兴趣？ Nǐ duì shénme yǒu xìngqù?
2. 周末你喜欢做什么？ Zhōumò nǐ xǐhuan zuò shénme?
3. 你喜欢给朋友打电话吗？ Nǐ xǐhuan gěi péngyou dǎ diànhuà ma?
4. 你喜欢跟朋友一起去唱卡拉 OK 吗？ Nǐ xǐhuan gēn péngyou yìqǐ qù chàng kǎlā OK ma?
5. 你家离车站远吗？ Nǐ jiā lí chēzhàn yuǎn ma?
6. 从你家到车站怎么走？ Cóng nǐ jiā dào chēzhàn zěnme zǒu?

## 白露的周末生活　195

白露 每 星期 从 星期 一 到 星期 五 上 学，星期 六 和 星期
Báilù měi xīngqī cóng xīngqī yī dào xīngqī wǔ shàng xué, xīngqī liù hé xīngqī

天 不 上 学。星期 六 她 去 便利店 打 工。便利店 离 她 家 不 远，
tiān bú shàng xué. Xīngqī liù tā qù biànlìdiàn dǎ gōng. Biànlìdiàn lí tā jiā bù yuǎn,

那儿 的 店长 对 她 很 好，她 工作 得 很 愉快。星期 天 她 在 家
nàr de diànzhǎng duì tā hěn hǎo, tā gōngzuò de hěn yúkuài. Xīngqī tiān tā zài jiā

休息，上午 她 看 动漫，她 对 日本 的 动漫 很 感 兴趣，她 最 喜欢
xiūxi, shàngwǔ tā kàn dòngmàn, tā duì Rìběn de dòngmàn hěn gǎn xìngqù, tā zuì xǐhuan

看《海贼王》(ワンピース)。下午 跟 朋友 一起 玩儿，她们 有时 去 买 东西，
kàn «Hǎizéiwáng». Xiàwǔ gēn péngyou yìqǐ wánr, tāmen yǒushí qù mǎi dōngxi,

有时 去 唱 卡拉 OK。晚上 她 给 妈妈 打 电话，向 妈妈 汇报 一 个
yǒushí qù chàng kǎlā OK. Wǎnshang tā gěi māma dǎ diànhuà, xiàng māma huìbào yí gè

星期 的 生活。
xīngqī de shēnghuó.

194

語彙

上学 shàng xué　登校する
便利店 biànlìdiàn　コンビニエンスストア
店长 diànzhǎng　店長
感兴趣 gǎn xìngqù　興味がある
有时 yǒushí　時には
汇报 huìbào　報告する
生活 shēnghuó　生活

次の文を参考にして、「私の週末」について書きましょう。

我每星期从…到…上学，…不上学。我对…感兴趣，周末休息的时候我喜欢…。星期天上午我…，下午…，晚上…。

## 確認

中国語に訳しましょう。

❶ 休みの時、あなたは何をしますか？　—私は友達と一緒に買い物に行きます。

❷ 彼女はあそこにはどう行くのかを知っていますか？
　—私は彼女に電話をして、聞いてみます。（“怎么去那儿”を用いて）

❸ あなたは何に興味がありますか？
　—私はスポーツに興味があります。スポーツは体にとても良いです。（“运动”を用いて）

❹ 空港はここから遠いですか？　—遠いです。ここから空港まで、タクシーで1時間かかります。

❺ お尋ねしますが、郵便局はどこにありますか？ —郵便局は駅の前、銀行の隣にあります。

❻ 日曜日、私は映画を見たり、音楽を聞いたりすることが好きです。



## 発展

週末の過ごし方について話しましょう。

「写写」でまとめた「私の週末」を発表しましょう。

我的周末生活

# 第11课 明天下雪吗？

話題：自然
目標（Can-do）：天気、気候について会話できる

## 語彙

**1** 中国語で何といいますか。

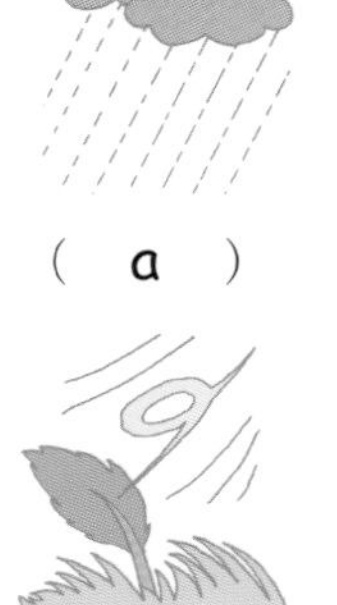

（ a ）　（　　）　（　　）　（　　）

（　　）　（　　）　（　　）　（　　）

a. 下 雨
xià yǔ

b. 下 雪
xià xuě

c. 刮 风（風が吹く）
guā fēng

d. 阴天（曇り）
yīntiān

e. 晴天
qíngtiān

f. 暖和（暖かい）
nuǎnhuo

g. 凉快（涼しい）
liángkuai

h. 春天（春）
chūntiān

**2** 読みましょう。 196

**3** 聞いて書きましょう。 197

下雨 / 不下雨　　下雨了 / 没下雨　　雨很大 / 雨不大　　大雨 / 小雨

下雪 / ..........　　.......... / ..........　　.......... / ..........　　.......... / ..........

刮风 / ..........　　.......... / ..........　　.......... / ..........　　.......... / ..........

## 会話

**1 キャンパスで** 198

健一：今天 天气 真 冷。
Jīntiān tiānqì zhēn lěng.

白露：是 啊，比 昨天 冷 多 了。
Shì a, bǐ zuótiān lěng duō le.

健一：你 老家 天气 怎么样？
Nǐ lǎojiā tiānqì zěnmeyàng?

白露：没 有 仙台 冷，20 度 左右。
Méi yǒu Xiāntái lěng, èrshí dù zuǒyòu.

比 bǐ …より　老家 lǎojiā 故郷　左右 zuǒyòu ぐらい

**2** 199

白露：明天 下 雪。
Míngtiān xià xuě.

健一：下 雪？那 一定 很 漂亮 吧？
Xià xuě? Nà yídìng hěn piàoliang ba?

白露：去 看 初雪 怎么样？ 明天 是 平安夜。
Qù kàn chūxuě zěnmeyàng? Míngtiān shì Píng'ānyè.

健一：（心の声） 平安夜 和 白露 看 初雪，太 浪漫 了！
Píng'ānyè hé Báilù kàn chūxuě, tài làngmàn le!

你 性格 开朗，
Nǐ xìnggé kāilǎng,
我 很 喜欢 你……
wǒ hěn xǐhuan nǐ......
（笑）……

白露：你 在 笑 什么 呢？（それを聞いて、健一は顔が赤くなった。）
Nǐ zài xiào shénme ne?

一定 yídìng きっと、必ず　初雪 chūxuě 初雪　平安夜 Píng'ānyè クリスマスイブ
性格 xìnggé 性格　开朗 kāilǎng 明るい　浪漫 làngmàn ロマンチックである　笑 xiào 笑う

**3 翌日** 200

妙子：白露 让 我 问问 你 昨天 笑 什么？
Báilù ràng wǒ wènwen nǐ zuótiān xiào shénme?

健一：那 是 秘密，不 能 告诉 你们。
Nà shì mìmì, bù néng gàosu nǐmen.

妙子：我 请 你 吃 饭，告诉 我 好 吗？
Wǒ qǐng nǐ chī fàn, gàosu wǒ hǎo ma?

健一：我 想想。……好 吧，告诉 你 可以，但是 你 不 能 告诉 白露。
Wǒ xiǎngxiang. ......Hǎo ba, gàosu nǐ kěyǐ, dànshì nǐ bù néng gàosu Báilù.

让 ràng …させる　秘密 mìmì 秘密　请 qǐng ご馳走する、おごる

上記の三つの会話を用いて、ペアでロールプレイをしましょう。

## 文法

### 1 "比"の文 202

① A＋比＋B＋形容詞　A は B より…　今天比昨天冷。

② A＋比＋B＋形容詞＋一点儿　A は B より（どのくらい）…だ　我比他高一点儿。

得多／多了　今天比昨天冷得多／多了。

数量フレーズ　我比他大两岁。

【否定】

③ A＋没有＋B＋形容詞　A は B ほど…ではない　你没有他高。

### 2 兼語文（"请、让"） 203

主語＋请／让＋兼語＋動詞（句）　A は B に…させる

"让"は動詞で、英語の使役 "make" "have" に同じ。

他请我吃饭。　他让我明天来。　我让他告诉你这件事。

"让"の代わりに
"叫"を使ってもいいですよ。

### 3 主述述語文 204

主語＋述語（主述句）　A は B が…だ

他个子很高。　今天天气很好。

### 4 "吧"疑問文 205

你喝啤酒吧？　她是日本人吧？　他是美国人吧？

201

語彙

一点儿 yìdiǎnr　少し
得多 deduō　ずっと…だ
个子 gèzi　身長
喝 hē　飲む
啤酒 píjiǔ　ビール

★気候と季節の言い方 206

| 气候 | 四季 | 季节 | 春天 | 夏天 | 秋天 | 冬天 |
|---|---|---|---|---|---|---|
| qìhòu | sìjì | jìjié | chūntiān | xiàtiān | qiūtiān | dōngtiān |
| 気候 | 四季 | 季節 | 春 | 夏 | 秋 | 冬 |

## 4 技能

聞いて当てはまる天候を✓し、気温を書き入れましょう。 208

| | | | | | | |
|---|---|---|---|---|---|---|
| ① | | ✓ | | | | 零下 3 度 |
| ② | | | | | | |
| ③ | | | | | | |
| ④ | | | | | | |
| ⑤ | | | | | | |

207

**語彙**

零下 língxià　零下
台风 táifēng　台風
带 dài　携帯する
伞 sǎn　傘

209

あなたは今、旅行先から友人に電話をかけているところです。旅行先の天気について会話しましょう。

例　A：西安　今天　天气　怎么样？
Xī'ān　jīntiān　tiānqì　zěnmeyàng?

B：今天　天气　很　好。
Jīntiān　tiānqì　hěn　hǎo.

A：不　下　雨　吧？
Bú　xià　yǔ　ba?

B：不　下　雨。
Bú　xià　yǔ.

A：热　不　热？
Rè　bu　rè?

B：今天　比　昨天　热，28　度。
Jīntiān　bǐ　zuótiān　rè,　èrshíbā dù.

A：28　度？西安　没　有　东京　热。
Èrshíbā dù?　Xī'ān　méi　yǒu　Dōngjīng　rè.

B：东京　多少　度？
Dōngjīng　duōshao　dù?

A：东京　今天　33　度，比　西安　热　多　了。
Dōngjīng　jīntiān　sānshísān　dù,　bǐ　Xī'ān　rè　duō　le.

## ❶ 今天的天气 211

〔1〕今天 下 雪 了，天气 很 冷，最 高 气温 零 下 1 度，最 低 气温 零 下 5 度。
Jīntiān xià xuě le, tiānqì hěn lěng, zuì gāo qìwēn líng xià yī dù, zuì dī qìwēn líng xià wǔ dù.

〔2〕今天 天气 很 好，不 刮 风，不 下 雨，24 度，不 冷 不 热 很 舒服。
Jīntiān tiānqì hěn hǎo, bù guā fēng, bú xià yǔ, èrshísì dù, bù lěng bú rè hěn shūfu.

〔3〕今天 天气 不 好，刮 大 风，下 大 雨。
Jīntiān tiānqì bù hǎo, guā dà fēng, xià dà yǔ.

## ❷ 九寨沟的气候 212

九寨沟 位于 中国 四川 省，是 世界 自然 遗产 之 一。这里 的 山水 风景 优美，被 誉为“童话 世界”。九寨沟 春天 气温 低，夏天 不 热，秋天 很 凉快，冬天 很 冷。大熊猫 在 这样 的 自然 环境 下 生活，这里 是 它们 的 故乡。
Jiǔzhàigōu wèiyú Zhōngguó Sìchuān Shěng, shì shìjiè zìrán yíchǎn zhī yī. Zhèli de shānshuǐ fēngjǐng yōuměi, bèi yùwéi “Tónghuà shìjiè”. Jiǔzhàigōu chūntiān qìwēn dī, xiàtiān bú rè, qiūtiān hěn liángkuai, dōngtiān hěn lěng. Dàxióngmāo zài zhèyàng de zìrán huánjìng xià shēnghuó, zhèli shì tāmen de gùxiāng.

210

語彙

气温 qìwēn 気温　位于 wèiyú …に位置する　省 shěng 省
世界 shìjiè 世界　自然 zìrán 自然　遗产 yíchǎn 遺産
之 zhī の　山水 shānshuǐ 山水　风景 fēngjǐng 風景
优美 yōuměi 優美である　被 bèi …される　誉 yù たたえる
为 wéi …とみなす　童话 tónghuà 童話、メルヘン
这样 zhèyàng このような　环境 huánjìng 環境

次の文を参考にして、「故郷の四季」について書きましょう。

我老家在…。那里气候…。春天…，夏天…，秋天…，冬天…。如果你想来旅游，…是最好的季节。

## 確認

中国語に訳しましょう。

❶ 今日の天気はどうですか？　　　—今日は雨が降り、天気がとても暑いです。

❷ 今日は昨日より暑いですか？　　　—今日は昨日よりずっと暑く、33度です。

❸ あなたの実家の気候はどうですか？　—仙台ほど寒くないです、毎日20度ぐらいです。

❹ 明日、雪が降ります。初雪はきっときれいでしょう。

❺ 私は彼にあなたに電話をかけるようにさせます。（"让"を用いて）

❻ クリスマスイブ、私はあなたに北京ダックをご馳走します。（"北京烤鸭"を用いて）

❼ 彼はとても背が高いでしょう？　—彼は私より2cm高いです。（"两厘米 (límǐ)"を用いて）

## 発展

故郷の季節や気候について話しましょう。

「写写」でまとめた「故郷の四季」を発表しましょう。

我老家的气候

第12课

# 吃川菜，好吗？

話題：飲食
目標 (Can-do)：食事、注文、食習慣について会話できる

## 語彙

**1** 中国語で何といいますか。

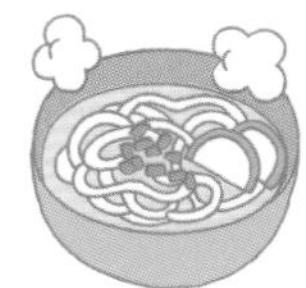
( e )

(　　)

(　　)

(　　)

(　　)

(　　)

(　　)

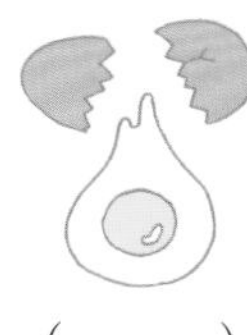
(　　)

a. 牛奶 niúnǎi

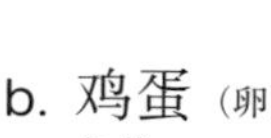

b. 鸡蛋（卵） jīdàn

c. 米饭 mǐfàn

d. 面包（パン） miànbāo

e. 面条儿（麺） miàntiáor

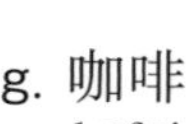

f. 饺子 jiǎozi

g. 咖啡 kāfēi

h. 茶 chá

**2** 読みましょう。 213

**3** 聞いて書きましょう。 214

| | 吃 | 喝 |
|---|---|---|
| (1) 白露（早饭 zǎofàn） | | |
| (2) 健一（午饭 wǔfàn） | | |
| (3) 妙子（晚饭 wǎnfàn） | | |

## 会話

### 1 学校で 215

健一：今天 午饭 吃 什么？
Jīntiān wǔfàn chī shénme?

白露：去 吃 拉面，好 吗？
Qù chī lāmiàn, hǎo ma?

健一：拉面、寿司、还是 麦当劳？
Lāmiàn、shòusī、háishi Màidāngláo?

白露：别 想 了，去 吃 拉面 吧。
Bié xiǎng le, qù chī lāmiàn ba.

午饭 wǔfàn 昼飯　拉面 lāmiàn ラーメン　寿司 shòusī 寿司　麦当劳 Màidāngláo マクドナルド
别 bié …しないで

### 2 レストランで 216

健一：我 不 吃 拉面，我 想 吃 蛋炒饭。
Wǒ bù chī lāmiàn, wǒ xiǎng chī dànchǎofàn.

白露：这儿 的 饺子 很 好吃，再 来 一 盘 饺子，怎么样？
Zhèr de jiǎozi hěn hǎochī, zài lái yì pán jiǎozi, zěnmeyàng?

健一：好 啊！
Hǎo a!

白露：服务员，来 一 个 拉面，一 个 蛋炒饭，一 盘 饺子。拉面 里 别 放 葱！
Fúwùyuán, lái yí gè lāmiàn, yí gè dànchǎofàn, yì pán jiǎozi. Lāmiàn li bié fàng cōng!

蛋炒饭 dànchǎofàn 卵入りチャーハン　来 lái 注文する、…ください　盘 pán（量詞）皿
服务员 fúwùyuán 店員、従業員　放 fàng 入れる、混ぜる　葱 cōng ねぎ

### 3 217

白露：你 喝 酒 吧？
Nǐ hē jiǔ ba?

健一：不 行。因为 我 没 到 20 岁，所以 不 能 喝 酒。
Bù xíng. Yīnwèi wǒ méi dào èrshí suì, suǒyǐ bù néng hē jiǔ.

白露：那 你 想 喝 什么？
Nà nǐ xiǎng hē shénme?

健一：可乐。我 喜欢 甜 的，但是 明年 我 的 成人式，希望 你 能 跟 我 一起 喝 酒。……
Kělè. Wǒ xǐhuan tián de, dànshì míngnián wǒ de chéngrénshì, xīwàng nǐ néng gēn wǒ yìqǐ hē jiǔ. ......

酒 jiǔ 酒　因为…，所以… yīnwèi…, suǒyǐ… …なので、だから…だ　那 nà それでは
可乐 kělè コーラ　成人式 chéngrénshì 成人式

上記の三つの会話を用いて、ペアでロールプレイをしましょう。

## 文法

### 1 附加疑問文（“怎么样、好吗、可以吗、行吗”） 219

我们开车去，怎么样？　　中午去外边吃，好吗？
我们吃川菜，可以吗？　　今天在家里吃，行吗？

218
語彙
川菜 chuān cài　四川料理
说话 shuōhuà　お喋りをする

### 2 命令文（“别、不要”） 220

- 别 / 不要：…しないで、…するな
- 别 / 不要…了：…するのをやめなさい、…するのをやめましょう

别放葱！　　不要告诉她！
上课了，别说话了！　　不要去了！

### 3 “的”フレーズ 221

人称代名詞／名詞／形容詞／動詞 ＋ 的

哪个是你的？　这是学校的。　我喜欢甜的。　这些照片都是我拍的。

### 4 複文（“因为…，所以…”、“…，但是 / 可是…”） 222

因为我感冒了，所以今天没去上课。　因为下雨，所以我没去。
汉语很难，但是很有意思。
我喜欢吃韩国菜，但是我不能吃辣的！

★味の言い方 223

甜
tián
甘い

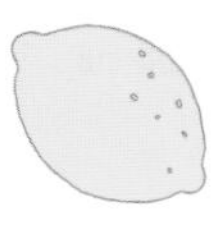
酸
suān
酸っぱい

苦
kǔ
苦い

辣
là
辛い

咸
xián
塩辛い

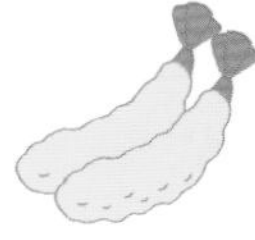
油腻
yóunì
脂っこい

清淡
qīngdàn
あっさりしている

## 4技能

### 听听 tīngting

**1** 聞こえた内容と一致していれば○を、違っていれば×をつけましょう。 225

| ① 妙子 | ② 健一 | ③ 白露 | ④ 小李 | ⑤ 小王 | ⑥ 张老师 |
|---|---|---|---|---|---|
|  |  |  |  |  | |
| ( × ) | (　　) | (　　) | (　　) | (　　) | (　　) |

224

**語彙**

羊肉 yáng ròu　羊の肉
担担面 dàndanmiàn　タンタンメン
请客 qǐng kè　おごる
客气 kèqi　遠慮する
时间 shíjiān　時間

### 说说 shuōshuo 226

**1** 友達を食事に誘いましょう。

例　A：一起去吃午饭，好吗？　　B：好。
A：吃咖喱饭，怎么样？　　B：我昨天吃咖喱饭了，今天不想吃了。
A：你想吃什么？　　B：我想吃拉面，行吗？
A：行。

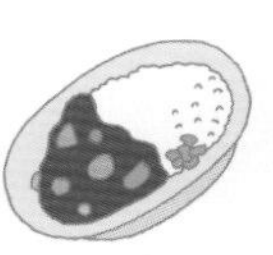
咖喱饭 gālífàn

寿司 shòusī

麦当劳 Màidāngláo

拉面 lāmiàn

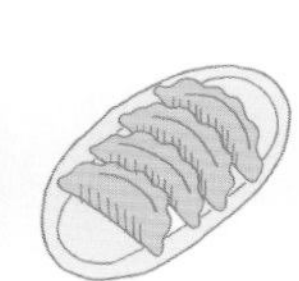
饺子 jiǎozi

蛋炒饭 dànchǎofàn

炒面 chǎomiàn

**2** 友達の好き嫌いを聞いてから、注文しましょう。 228

例①　A：你不喜欢甜的吧？　　B：我喜欢吃甜的，但是不喜欢喝甜的。
A：服务员，来一杯咖啡，咖啡里别放糖！

| ① | ② | ③ |
|---|---|---|
| 甜的 | 酸的 | 辣的 |
| 咖啡 | 红茶 | 炒菜 |
| 糖 | 柠檬 | 辣椒 |

227

**語彙**

炒面 chǎomiàn　焼きそば
红茶 hóngchá　紅茶
炒菜 chǎocài　炒め物
糖 táng　砂糖
柠檬 níngméng　レモン
辣椒 làjiāo　唐辛子

## 中国东北的饮食习惯 230

在 中国，大家 喜欢 吃 水饺。因为 饺子 和 米饭 都 是 主食，所以
Zài Zhōngguó, dàjiā xǐhuan chī shuǐjiǎo. Yīnwèi jiǎozi hé mǐfàn dōu shì zhǔshí, suǒyǐ

不 一起 吃。我 老家 在 中国 东北，那儿 的 人 早饭 喜欢 喝 粥，喝
bú yì qǐ chī. Wǒ lǎojiā zài Zhōngguó Dōngběi, nàr de rén zǎofàn xǐhuan hē zhōu, hē

豆浆，也 爱 吃 油条。午饭 和 晚饭 一般 是 米饭 和 炒菜，汤 的 种类
dòujiāng, yě ài chī yóutiáo. Wǔfàn hé wǎnfàn yìbān shì mǐfàn hé chǎocài, tāng de zhǒnglèi

也 很 多。除了 这些，还 有 拉面，馄饨，烧烤 和 火锅 料理 等等。
yě hěn duō. Chúle zhèxiē, hái yǒu lāmiàn, húntun, shāokǎo hé huǒguō liàolǐ děngděng.

中国人 在 日常 生活 中 热爱 饮食，创造了 丰富 多彩 的 饮食 文化。
Zhōngguórén zài rìcháng shēnghuó zhōng rè'ài yǐnshí, chuàngzàole fēngfù duōcǎi de yǐnshí wénhuà.

229

語彙

| | | | |
|---|---|---|---|
| 水饺 shuǐjiǎo 水ギョーザ | 主食 zhǔshí 主食 | 粥 zhōu お粥 | 豆浆 dòujiāng 豆乳 |
| 油条 yóutiáo 揚げパン | 一般 yìbān 一般的 | 汤 tāng スープ | 种类 zhǒnglèi 種類 |
| 除了 chúle …を除いて | 馄饨 húntun ワンタン | 烧烤 shāokǎo 焼き肉 | 火锅 huǒguō 火鍋、寄せ鍋 |
| 料理 liàolǐ 料理 | 日常 rìcháng 日常 | 热爱 rè'ài 熱愛する | 饮食 yǐnshí 飲食 |
| 创造 chuàngzào 創造 | 丰富多彩 fēngfù duōcǎi 多彩である | | |

次の文を参考にして、「家族の食習慣」について書きましょう。（家族との食事会もOK）

我家有…口人。我爸爸爱吃…，爱喝…，可是他不爱吃…，不爱喝…。爸爸喜欢…的（味）。我妈妈爱吃…，爱喝…，可是她不爱吃…，不爱喝…。妈妈喜欢…的（味）。我的（兄弟姉妹）…。

## 確認

中国語に訳しましょう。

❶ 夕飯、何を食べたいですか？　——四川料理を食べに行くのは、いかがですか？

❷ すみません、ラーメンを二つ、チャーハンを一つ、ギョーザを一皿ください。

❸ 私は辛いものが食べられないので、唐辛子を入れないでください。

❹ 雪が降りました、外に食べに行くのをやめましょう。（“外边”を用いて）

❺ 私はまだ20才になっていないので、お酒が飲めません。

❻ ここの料理は高いですが、しかしとても美味しいです。



## 発展

家族の食生活や食事会について話しましょう。

「写写」でまとめた「家族の食習惯」を発表しましょう。

我家的饮食习惯

# 第13课 你买什么？

話題：買い物
目標 (Can-do)：買いたいもの、値段の尋ね方と交渉について会話できる

## 語彙

**1** 中国語で何といいますか。

（ e ）

（　　）

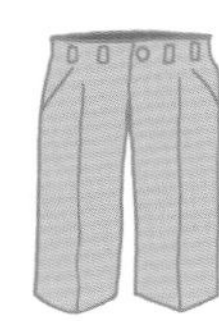
（　　）

（　　）

（　　）

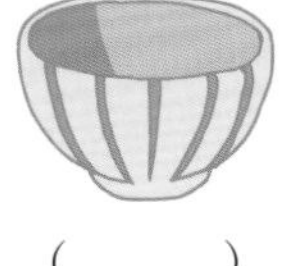
（　　）

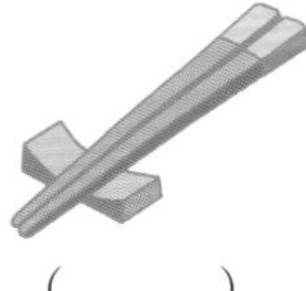
（　　）

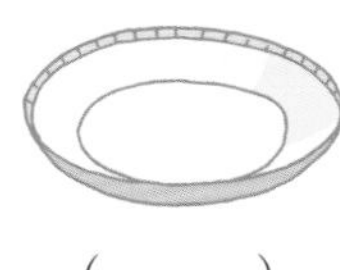
（　　）

a. 行李 箱（スーツケース） xíngli xiāng
b. 衬衫（シャツ） chènshān
c. 裤子（ズボン） kùzi
d. 帽子 màozi
e. 口罩 kǒuzhào
f. 碗 wǎn
g. 筷子（箸） kuàizi
h. 盘子 pánzi

**2** 読みましょう。 231

**3** 聞いて選びましょう。 232

(1) ⓐ 衬衫　b. 裤子　c. 帽子
(2) a. 筷子　b. 盘子　c. 裤子
(3) a. 口罩　b. 行李箱　c. 衬衫
(4) a. 裤子　b. 筷子　c. 帽子
(5) a. 裤子　b. 帽子　c. 盘子
(6) a. 口罩　b. 行李箱　c. 衬衫
(7) a. 筷子　b. 裤子　c. 帽子

## 会話

### 1 学生寮のリビングで 233

白露：英语 复习好 了 吗？
Yīngyǔ fùxíhǎo le ma?

妙子：没 有。语法 太 难 了，还 没 学会。
Méi yǒu. Yǔfǎ tài nán le, hái méi xuéhuì.

白露：买 本 参考书 怎么样？
Mǎi běn cānkǎoshū zěnmeyàng?

妙子：好 主意。健一 在 书店 打 工，我 打算 去 他 那儿 看看。
Hǎo zhǔyi. Jiànyī zài shūdiàn dǎ gōng, wǒ dǎsuàn qù tā nàr kànkan.

复习 fùxí 復習する　语法 yǔfǎ 文法　参考书 cānkǎoshū 参考書
好主意 hǎo zhǔyi いい考え　书店 shūdiàn 書店、本屋　打算 dǎsuàn …するつもりだ

### 2 本屋で 234

健一：你 买 什么 书？
Nǐ mǎi shénme shū?

妙子：英语 参考书。（人気図書コーナーに案内され、2冊の本に注目）这 两 本 一共 多少 钱？
Yīngyǔ cānkǎoshū. Zhè liǎng běn yígòng duōshao qián?

健一：一 万 日元，不 打 折。
Yí wàn rìyuán, bù dǎ zhé.

妙子：太 贵 了。那 我 买 一 本 吧。
Tài guì le. Nà wǒ mǎi yì běn ba.

一共 yígòng 全部で　多少钱 duōshao qián いくら　万 wàn （数詞）万
日元 rìyuán （日本の）円　打折 dǎ zhé 割引きする

### 3 レジで 235

健一：怎么 了？
Zěnme le?

妙子：我 的 钱包 放在 房间 里 了。
Wǒ de qiánbāo fàngzài fángjiān li le.

健一：这儿 可以 用 手机 支付。
Zhèr kěyǐ yòng shǒujī zhīfù.

妙子：…糟糕，手机 也 找不到 了！
… Zāogāo, shǒujī yě zhǎobudào le!

钱包 qiánbāo 財布　用 yòng （前置詞）…で　支付 zhīfù 支払う

上記の三つの会話にそって、ペアでロールプレイをしましょう。

# 文法

## 1 結果補語 237

動作の結果を表す補語で、動詞と形容詞からなる。

**動詞＋結果補語**

（結果補語：動詞／形容詞）

作业写完了吗？

晚饭做好了。

よく使われる結果補語

| | | | | |
|---|---|---|---|---|
| …完 | …し終える | 写完 | xiěwán | 書き終える |
| …好 | ちゃんと…する | 睡好 | shuìhǎo | よく寝る |
| …到 | （目的に）達する | 买到 | mǎidào | 手に入れる |
| …见 | 視覚、聴覚、嗅覚などで感じとる | 看见 | kànjiàn | 見える |
| …懂 | …して理解する | 听懂 | tīngdǒng | 聞いて理解する |
| …错 | …間違う | 说错 | shuōcuò | 言い間違える |
| …在 | …に、ある場所に位置させる | 放在 | fàngzài | 置いてある |
| …清楚 | …はっきりする | 听清楚 | tīngqīngchu | はっきり聞き取れる |

## 2 可能補語（1） 238

可能性を表す補語である。
否定形はよく用いられるが、肯定形は疑問文やそれに対する返答の文に用いられる。

**動詞＋得／不＋結果補語** …することができる／できない

手机上的字，你看得见看不见？ ——看得见。

你听得懂中国话吗？ ——听不懂。

- 可能補語は“能”を併用することができ、強調を表しますよ。
  例：我能看得见。
- 「許可・禁止」を表す場合、可能補語が使えませんよ。

## 3 動詞“打算” 239

**主語＋打算＋動詞（句）** …するつもりだ、…する予定である

我打算明天去。　我不打算买这个。　你打算去哪儿旅游？

## 4 副詞“一共” 240

**主語＋一共＋動詞（句）** …全部で、合計で

語彙 236
花 huā　つかう、消費する

昨天我一共花了两百元。　我们班一共有三十个学生。

★人民元の数え方と割引の言い方 241

元／块
yuán／kuài

角／毛
jiǎo／máo

分
fēn

九折
jiǔzhé

25% OFF

七五折
qīwǔzhé

五折／半价
wǔzhé／bànjià

＊1元 ＝ 10角 ＝ 100分

## 4 技能

**1** 6つの会話を聞いて、下記の3つの質問に答えましょう。 243

| | ① | ② | ③ | ④ | ⑤ | ⑥ |
|---|---|---|---|---|---|---|
| Q1 买什么? | 帽子 | | | | | |
| Q2 买到了吗? | 买到了 | | | | | |
| Q3 (一共)多少钱? | 八十块 | | | | | |

242

**語彙**

欢迎光临 Huānyíng guānglín　いらっしゃいませ
百 bǎi　(数詞)百
原价 yuánjià　原価
颜色 yánsè　色
优惠 yōuhuì　特恵、優待
双 shuāng　(量詞)(対になっているものを数える)…対
盒 hé　(量詞)(箱入りのものを数える)…箱

244

北京のデパートで買い物をする場面の会話をしてみましょう。

例　店員：您好，欢迎光临。您买什么？
　　客：我想买黑色的口罩。
　　店員：这个怎么样？
　　客：有点儿大。这个小一点儿的多少钱？
　　店員：一盒一百块。
　　客：太贵了。能便宜点儿吗？
　　店員：我给您打八五折。
　　客：好的，我要两盒。

| ① | ② | ③ | ④ |
|---|---|---|---|
| 666元 | 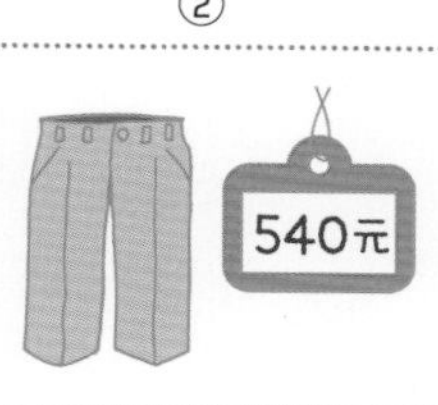 |  |  |

## 白露的购物体验 246

妈妈 的 生日 快 到 了。因为 见不到 她，我 打算 在 网店 给 她 买
Māma de shēngrì kuài dào le. Yīnwèi jiànbudào tā, wǒ dǎsuàn zài wǎngdiàn gěi tā mǎi

生日 礼物。我 看好 一 条 裙子，没 找到 合适 的 尺寸。看好 一 件
shēngrì lǐwù. Wǒ kànhǎo yì tiáo qúnzi, méi zhǎodào héshì de chǐcùn. Kànhǎo yí jiàn

衬衫，没 找到 妈妈 喜欢 的 颜色。买不到 合适 的 衣服，想到 鲜花
chènshān, méi zhǎodào māma xǐhuan de yánsè. Mǎibudào héshì de yīfu, xiǎngdào xiānhuā

和 蛋糕 也 不 错。于是 我 就 选好 下 单 了，期待 妈妈 收到 礼物
hé dàngāo yě bú cuò. Yúshì wǒ jiù xuǎnhǎo xià dān le, qīdài māma shōudào lǐwù

时 开心 的 样子。网购 很 方便，足 不 出 户，买遍 全球。最近 你
shí kāixīn de yàngzi. Wǎnggòu hěn fāngbiàn, zú bù chū hù, mǎibiàn quánqiú. Zuìjìn nǐ

有 什么 愉快 的 购 物 体验 吗？
yǒu shénme yúkuài de gòu wù tǐyàn ma?

245

**語彙**

| | | | |
|---|---|---|---|
| 购物 gòu wù 買い物する | 体验 tǐyàn 身をもって経験する | 网店 wǎngdiàn ネットショップ | |
| 条 tiáo （量詞）細長いものを数える | 合适 héshì ぴったりする | 尺寸 chǐcùn サイズ | |
| 鲜花 xiānhuā 生花 | 于是 yúshì それで | 选 xuǎn 選ぶ | 下单 xià dān 注文する |
| 期待 qīdài 期待する | 收 shōu 受け取る | 样子 yàngzi 表情、様子 | |
| 网购 wǎnggòu オンラインショッピング | 足不出户 zú bù chū hù 外出せず家にいる | | |

次の文を参考にして、最近買い物をして楽しかったまたは楽しくなかった体験を書きましょう。

1. 我在商店买了一个盘子，2500日元，不打折。虽然有点儿贵，但是买到自己喜欢的东西，很开心。
2. 我在书店花原价买了一本汉语参考书。买完后，在网上看到这本书打五折，很不开心。

## 確認

中国語に訳しましょう。

1 全部でいくらですか？ —全部で308元です。

2 もう少し安くなりませんか？ —すみません。お値引きはできません。

3 あなたの携帯電話は見つかりましたか？ —見つからなかったです。

4 英語の文法は難しすぎて、私はマスターできません。

5 あなたは好きなズボンを手に入れましたか？ —手に入れました。

6 今日の宿題は全部書き終えましたか？ —全部書き終えました。



## 発展

最近買い物をして楽しかったまたは楽しくなかった体験を話しましょう。

「写写」でまとめた体験話を発表しましょう。

我的购物体验

# 第14课 你知道“节分”吗？

話題：文化
目標（Can-do）：祝日、祭日、年中行事について会話できる

## 語彙

**1** 中国語で何といいますか。

（ e ）

（　　）

（　　）

（　　）


（　　）

（　　）

（　　）

（　　）

a. 元旦 Yuándàn
b. 情人节 Qíngrénjié
c. 黄金周 huángjīnzhōu
d. 母亲节 Mǔqinjié

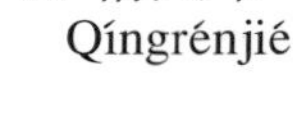

e. 父亲节 Fùqinjié
f. 儿童节 Értóngjié
g. 国庆节 Guóqìngjié
h. 重阳节 Chóngyángjié

**2** 読みましょう。 247

**3** 聞いて書きましょう。 248

(1) 　元旦　 的时候哥哥回得来。
(2) ＿＿＿＿ 的时候姐姐回得来。
(3) ＿＿＿＿ 的时候妹妹回不来。
(4) ＿＿＿＿ 的时候白露回不来。
(5) ＿＿＿＿ 的时候弟弟回得去。
(6) ＿＿＿＿ 的时候妈妈回得去。
(7) ＿＿＿＿ 的时候爸爸回不去。

## 会話

### 1 教室で 249

妙子：你 知道 节分 吗？
Nǐ zhīdao jiéfēn ma?

白露：知道。
Zhīdao.

妙子：今天 举行 撒 豆 活动，一起 去 怎么样？
Jīntiān jǔxíng sǎ dòu huódòng, yìqǐ qù zěnmeyàng?

白露：什么 是"撒 豆"？
Shénme shì "sǎ dòu"?

节分 jiéfēn 節分　举行 jǔxíng 行う　活动 huódòng （名詞）行事、催し
撒 sǎ まく　豆（子）dòu(zi) 豆

### 2 続き 250

妙子：是 驱 邪 活动。大家 一边 喊着："福 进来，鬼 出去"，一边 撒 豆子。
Shì qū xié huódòng. Dàjiā yìbiān hǎnzhe: "Fú jìnlai, guǐ chūqu", yìbiān sǎ dòuzi.

白露：有 意思，我 很 想 去 看看。
Yǒu yìsi, wǒ hěn xiǎng qù kànkan.

妙子：在 中国，节分 的 时候 有 活动 吗？
Zài Zhōngguó, jiéfēn de shíhou yǒu huódòng ma?

白露：没 有，只 是 普通 的 一 天。
Méi yǒu, zhǐ shì pǔtōng de yì tiān.

驱邪 qū xié 邪気を追い払う　一边…，一边… yìbiān…, yìbiān… …しながら、…する　喊 hǎn 叫ぶ
福 fú 幸福、幸せ　鬼 guǐ 幽霊、亡霊　只 zhǐ （副詞）ただ…だけである　普通 pǔtōng 普通である

### 3 二人の会話を聞いた健一も行きたくなった 251

健一：我 想 跟 你们 一起 去。
Wǒ xiǎng gēn nǐmen yìqǐ qù.

妙子：那 太 好 了。我们 十 点 半 出发。
Nà tài hǎo le. Wǒmen shí diǎn bàn chūfā.

健一：我 先 去 图书馆 还 书，出发 以前 一定 回得来。
Wǒ xiān qù túshūguǎn huán shū, chūfā yǐqián yídìng huídelái.

妙子：好，我们 等 你。
Hǎo, wǒmen děng nǐ.

先 xiān 先に、まず　还 huán 返却する　出发 chūfā 出発する　以前 yǐqián …の前、…以前

上記の三つの会話にそって、ペアでロールプレイをしましょう。

# 文法

## 1 方向補語 252

動作の方向を表す補語である。
“来”は話し手のほうに向かってくる動作を、“去”は話し手から遠ざかっていく動作を言う。

動詞＋方向補語
└ 方向動詞“来”“去”など

|  | 上 shàng | 下 xià | 进 jìn | 出 chū | 回 huí | 过 guò | 起 qǐ |
|---|---|---|---|---|---|---|---|
| 来 lai | 上来 | 下来 | 进来 | 出来 | 回来 | 过来 | 起来 |
| 去 qu | 上去 | 下去 | 进去 | 出去 | 回去 | 过去 | —— |

爸爸出去了，他几点回来？
老师走进教室。

・目的語がある場合、動詞と“来／去”の間に置きますよ。
例：○熊猫下山来了。 ×熊猫下来山了。
・目的語が移動できるモノであれば“来／去”の後にも置けますよ。
例：我没带相机来。＝ 我没带来相机。

## 2 可能補語（2） 253

可能性を表す補語である。

動詞＋得／不＋方向補語 …することができる／できない

明天早上六点你起得来起不来？ ——起得来。
妈妈的话，他听不进去。

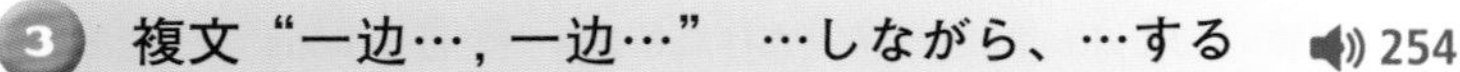

## 3 複文“一边…，一边…” …しながら、…する 254

いくつかの動作が同時に行われることを表す。

他（一）边看手机，（一）边吃饭。 姐姐（一）边洗澡，（一）边唱歌。

## 4 “以前”“以后” 255

以前，我去过中国。 她每天睡觉以前玩儿手机。 下课以后，我去食堂吃午饭。

★中国の伝統的な遊び 256

放风筝
fàng fēngzheng
凧を揚げる

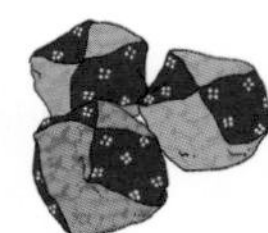
丢沙包
diū shābāo
お手玉を投げる

跳皮筋
tiào píjīn
ゴム跳びをする

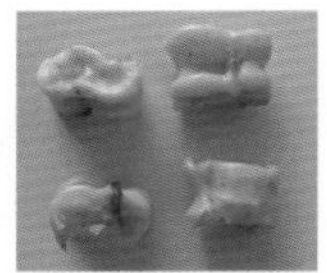
羊拐骨
yángguǎigǔ
羊の趾骨を用いた遊び

翻花绳
fān huāshéng
あやとり

## 4 技能

**1** 聞こえた内容と一致していれば○を、違っていれば×をつけましょう。 258

| ① 白露 | ② 健一 | ③ 妙子 | ④ 张老师 |
|---|---|---|---|
| | | | |
| ○ | | | |

257

**語彙**

看日出 kàn rìchū　日の出を見る
迎新年 yíng xīnnián　新年を迎える
爬 pá　（山に）登る
假期 jiàqī　休暇
带 dài　引き連れる
大餐 dàcān　立派なごちそう

259

下記の人達の祝日の過ごし方について会話しましょう。

| 白露 | 妙子 | 健一 | 张老师 |
|---|---|---|---|
| 黄金周 | 元旦 | 情人节 | 父亲节 |
| 不回老家 | 回老家 | 不回老家 | 回老家 |
| 泡温泉 → 看动漫 | 吃大餐 → 看元旦晚会 | 没想出来 | 爬山 → 休息 |

例

A：白露黄金周回老家去吗？　B：她不回去。
A：黄金周怎么过，她想出来了吗？　B：她想出来了。
A：她打算干什么？　B：她打算去泡温泉，泡完以后看动漫。

## 回不去的童年 261

路过 公园，看到 空中 飘 来 飘 去 的 风筝，我 回想起 自己 的
Lùguò gōngyuán, kàndào kōngzhōng piāo lái piāo qù de fēngzheng, wǒ huíxiǎngqǐ zìjǐ de

童年。那 年 儿童节，爸爸 带 我 去 放 风筝。那 是 我 第 一 次 学
tóngnián. Nà nián Értóngjié, bàba dài wǒ qù fàng fēngzheng. Nà shì wǒ dì yī cì xué

放 风筝，非常 兴奋。爸爸 一边 跑 一边 放 线，风筝 飞 得 又 高
fàng fēngzheng, fēicháng xīngfèn. Bàba yìbiān pǎo yìbiān fàng xiàn, fēngzheng fēi de yòu gāo

又 远。我 也 跑 来 跑 去，风筝 却 飞不起来。我 学了 半天 学不会，
yòu yuǎn. Wǒ yě pǎo lái pǎo qù, fēngzheng què fēibuqǐlái. Wǒ xuéle bàntiān xuébuhuì,

哭着 说："风筝 不 听 话，到处 翻 跟头，快 让 它 飞走 吧"……
kūzhe shuō: "fēngzheng bù tīng huà, dàochù fān gēntou, kuài ràng tā fēizǒu ba"……

童年 回不去 了，但是 记忆 忘不掉。你 的 童年 有 什么 故事？
Tóngnián huíbuqù le, dànshì jìyì wàngbudiào. Nǐ de tóngnián yǒu shénme gùshi?

260

語彙

童年 tóngnián 子供時代　路过 lùguò 通過する　空中 kōngzhōng 空中　飘 piāo 舞う、漂う
回想 huíxiǎng 思い出す　自己 zìjǐ 自分、自身　兴奋 xīngfèn 興奮している　跑 pǎo 走る、駆ける
线 xiàn 糸　飞 fēi 飛ぶ、ひらひらする　又…又… yòu…yòu… …でもあり、また…でもある
却 què （副詞）かえって　半天 bàntiān 長い時間、半日　哭 kū 泣く
听话 tīng huà 言うことを聞く　翻跟头 fān gēntou とんぼ返りをする　到处 dàochù あちこち
记忆 jìyì （名詞）記憶　忘不掉 wàngbudiào 忘れられない　故事 gùshi 物語、お話

次の文を参考にして、「祝日の過ごし方」について書きましょう。

圣诞节，我回老家去，我跟家人一起过。我们一边吃大餐，一边聊天儿。吃完圣诞大餐以后，我们交换(jiāohuàn 交換する)礼物。圣诞节给我带来很多快乐。

## 確認

中国語に訳しましょう。

1 先生は立ち上がり、教室を出て行きました。

2 六時前には帰ってこられますか？ —帰ってこられません。

3 彼はアルバイトをしながら大学に通っています。

4 私は家族と一緒に新年の娯楽番組を見ながらギョーザを食べます。（"春节晚会"を用いて）

5 出発する前に、一緒に昼ご飯を食べましょう。

6 何かいいアイデアはありますか？ —思いつかないです。



## 発展

祝日の過ごし方について話しましょう。

「写写」でまとめた「祝日の過ごし方」を発表しましょう。

我的假日生活

第15课

# 黑板上贴着什么？

話題：科学技術
目標（Can-do）：身近な先端技術について会話できる

## 語彙

**1** 中国語で何といいますか。

（ e ）

（　　）

（　　）

（　　）

（　　）

（　　）

（　　）

（　　）

a. 互联网（インターネット）
hùliánwǎng

b. 网络游戏（ネットゲーム）
wǎngluò yóuxì

c. 智能手表
zhìnéng shǒubiǎo

d. 平板电脑
píngbǎn diànnǎo

e. 广告牌（広告板）
guǎnggào pái

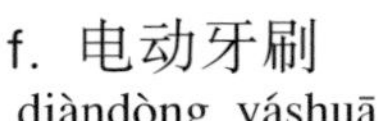

f. 电动牙刷
diàndòng yáshuā

g. 无线耳机
wúxiàn ěrjī

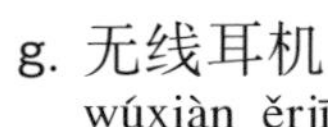

h. 智能手机
zhìnéng shǒujī

**2** 読みましょう。 262

**3** 聞いて選びましょう。 263

(1)
a. 智能手表
ⓑ 网络游戏
c. 智能手机

(2)
a. 智能手机
b. 智能手表
c. 电动牙刷

(3)
a. 网络游戏
b. 平板电脑
c. 智能手机

(4)
a. 平板电脑
b. 智能手机
c. 智能手表

(5)
a. 无线耳机
b. 电动牙刷
c. 智能手机

(6)
a. 智能手表
b. 智能手机
c. 平板电脑

## 会話

### 1 学生寮のリビングで 264

妙子：外面 下 雪 了。
Wàimian xià xuě le.

白露：越 下 越 大。不 能 出去 玩儿，太 没 意思 了。
Yuè xià yuè dà. Bù néng chūqu wánr, tài méi yìsi le.

妙子：黑板 上 贴着 通知。
Hēibǎn shang tiēzhe tōngzhī.

白露：咱们 去 看看 上面 写着 什么。
Zánmen qù kànkan shàngmian xiězhe shénme.

外面 wàimian 外　越…越… yuè…yuè… …すればするほど…　黑板 hēibǎn 黒板　贴 tiē 貼る
通知 tōngzhī 通知　上面 shàngmian （物の）表面、上

### 2 看板前 265

妙子：“请 把 厨房 打扫 干净。”
Qǐng bǎ chúfáng dǎsǎo gānjìng.

白露：小菜一碟，让 扫 地 机器人 帮 忙。
Xiǎocàiyìdié, ràng sǎo dì jīqìrén bāng máng.

妙子：扫 地 机器人？
Sǎo dì jīqìrén?

白露：它 是 我 的 新 朋友。
Tā shì wǒ de xīn péngyou.

把 bǎ （前置詞）文法２参照　厨房 chúfáng 台所　打扫 dǎsǎo 掃除する　干净 gānjìng 清潔である
小菜一碟 xiǎocàiyìdié 朝飯前、容易だ　扫地 sǎo dì 地面を掃除する　机器人 jīqìrén ロボット
帮忙 bāng máng 手伝う　新 xīn 新しい

### 3 掃除完了 266

妙子：给 你 的 新 朋友 点 赞！
Gěi nǐ de xīn péngyou diǎn zàn!

白露：人 机 搭配，干 活 不 累。
Rén jī dāpèi, gàn huó bú lèi.

妙子：那 咱们 一起 愉快 地 看 视频 吧。
Nà zánmen yìqǐ yúkuài de kàn shìpín ba.

白露：别 忘了 薯片 和 可乐！
Bié wàngle shǔpiàn hé kělè!

点赞 diǎn zàn「いいね！」をつける　搭配 dāpèi 組み合わせる　干活 gàn huó 仕事をする、働く
地 de （助詞）一部語句の後に用いて連用修飾語をつくる　视频 shìpín 動画　薯片 shǔpiàn ポテトチップス

上記の三つの会話にそって、ペアでロールプレイをしましょう。

# 文法

## 1 存現文 268

場所／時間＋動詞＋ 人・事物

不特定なモノ

ある場所／時間に、何かが存在していること、あるいは何かが出現や消失したことを表す。

●「存在」：

桌子上有一个智能手机。　床上放着一个平板电脑。　教室里坐着三个人。

●「出現・消失」：

班里来了一个新同学。　家里跑了一只猫。　外面下雨了。

## 2 "把"の文（処置文） 269

AはBをどのように処置するかを強調する文である。
Bは特定されたものである。

"没""不"などは"把"の前に置きますよ。

（主語）A＋把＋（目的語）B＋動詞＋"了"/補語など　AはBを…する

老师把那本书放在桌子上了。　他没把晚饭做好。　我把电脑带回家了。

## 3 "越…越…"…すればするほど…；"越来越…"ますます… 270

汉语越学越有意思。　雪越下越大。　生活越来越好。

267

**語彙**

跑 pǎo　逃げる、逃走する　努力 nǔlì　努力する、励む
认真 rènzhēn　真面目である、真剣である　好好儿 hǎohāor　よく、ちゃんと

## 4 助詞"地" 271

形容詞＋地＋動詞

・形容詞で動詞を修飾る場合、"地"を用いる。

努力地工作

・形容詞の前に副詞がある場合は、必ず"地"を用いる。

非常认真地学习

・単音節形容詞の後は、"地"を用いない。

新来的学生

・二音節形容詞の後は、よく"地"を用いる。

认真（地）写　好好儿（地）休息

★インターネット用語 272

上网
shàng wǎng
インターネットをする

打网（络）游（戏）
dǎ wǎng (luò) yóu (xì)
ネットゲームをする

语音聊天
yǔyīn liáo tiān
音声チャットをする

视频聊天
shìpín liáo tiān
ビデオチャットをする

## 4 技能

1 5つの会話を聞いて、下記の3つの質問に答えましょう。 274

| | ① | ② | ③ | ④ | ⑤ |
|---|---|---|---|---|---|
| Q1 他们在说什么东西？ | 智能手表 | | | | |
| Q2 用它做什么？ | 看天气 | | | | |
| Q3 把它放哪儿了？ | 椅子上 | | | | |

273

語彙

刷牙 shuā yá 歯を磨く
家电城 jiādiàn chéng 家電量販店
以旧换新 yǐjiùhuànxīn 下取り
心动 xīndòng 心が動く
怎么办 zěnme bàn どうしよう

275

友達と家電量販店をぶらぶらする場面の会話をしてみましょう。

例

A：你看，那儿放着一个最新的智能手机。
B：真不错。你用智能手机做什么？
A：上网、拍照、听音乐。你呢？
B：我每天愉快地和家人视频聊天。
A：广告牌上写着以旧换新，花半价就买得到。
B：越来越心动了，怎么办？

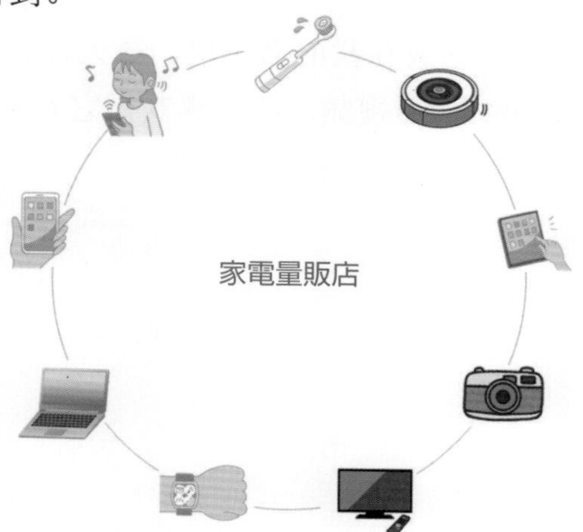

### 新同学的幽默 277

班里 来了 一 个 新 同学，喜欢 开 玩笑。一 天，他 和 健一 去
Bān li láile yí gè xīn tóngxué, xǐhuan kāi wánxiào. Yì tiān, tā hé Jiànyī qù

逛 街，健一 的 智能 手机 没 电 了。正好 旁边 一 家 饭馆儿 的
guàng jiē, Jiànyī de zhìnéng shǒujī méi diàn le. Zhènghǎo pángbiān yì jiā fànguǎnr de

桌子 上 放着 充电器，可以 充 电，他们 就 一起 进去 了。新 同学
zhuōzi shang fàngzhe chōngdiànqì, kěyǐ chōng diàn, tāmen jiù yìqǐ jìnqu le. Xīn tóngxué

打算 要 一 个 蛋炒饭，他 把 菜单 给 健一，问 他 吃 什么。健一 说：
dǎsuàn yào yí gè dànchǎofàn, Tā bǎ càidān gěi Jiànyī, wèn tā chī shénme. Jiànyī shuō:

“不 吃，我 充 电 就 行 了。”新 同学 幽默 地 说：“哎呀，我 把 你
“Bù chī, wǒ chōng diàn jiù xíng le.” Xīn tóngxué yōumò de shuō: Āiyā, wǒ bǎ nǐ

当做 真 人 了。现在 的 机器人 越来越 牛 了。”
dàngzuò zhēn rén le. Xiànzài de jīqìrén yuèláiyuè niú le.”

276

語彙

幽默 yōumò ユーモアがある　开玩笑 kāi wánxiào 冗談をいう、からかう　逛街 guàng jiē 街をぶらつく
没电了 méi diàn le 電池が切れた　正好 zhènghǎo ちょうど　饭馆儿 fànguǎnr レストラン
充电器 chōngdiànqì 充電器　充电 chōng diàn 充電する　菜单 càidān メニュー
当做 dàngzuò …とみなす、…と思う　牛 niú すごい

次の文を参考にして、物知りクイズを書きましょう。

我把它放在我的书包里。每天，我都用它愉快地上网课(shàng wǎngkè オンライン授業を受ける)、看视频。我还喜欢用它看漫画，越看越想看。
猜猜(cāi 当てる)它是什么？

## 確認

中国語に訳しましょう。

1. インターネットゲームはやればやるほどやりたくなります。

2. 私は毎週、スマートフォンで両親と楽しくビデオチャットをしています。

3. 昨日、東京は大雪が降りました。

4. 学生たちは教室をきれいに掃除しました。

5. 黒板には何が書いてありますか。　　—今日の宿題が書いてあります。

6. 私はスマートウォッチをテーブルの上に忘れました。

1 2 3 4 5 6 7 8 9 10 11 12 13 14 15 16

## 発展

物知りクイズの内容を発表し、答えをクラスメートに聞いてみましょう。

「写写」でまとめた物知りクイズを発表しましょう。

猜猜它是什么？

第16课

# 你是花粉症还是感冒？

話題：地球環境
目標（Can-do）：ゴミの分別について会話できる

## 語彙

**1** 中国語で何といいますか。

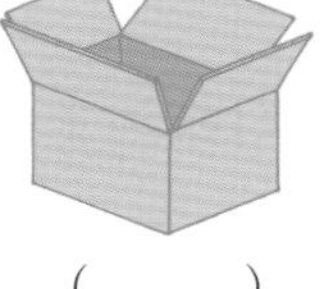

（ e ）　（　　）　（　　）　（　　）

（　　）　（　　）　（　　）　（　　）

a. 垃圾（ゴミ）
lājī

b. 塑料袋（ビニール袋）
sùliàodài

c. 纸箱
zhǐxiāng

d. 废纸（紙くず）
fèizhǐ

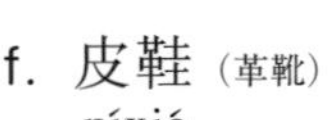
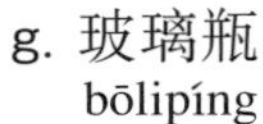

e. 毛绒玩具（ぬいぐるみ）
máoróng wánjù

f. 皮鞋（革靴）
píxié

g. 玻璃瓶
bōlipíng

h. 书包（カバン）
shūbāo

**2** 読みましょう。 278

**3** 聞いて書きましょう。 279

(1) 玻璃瓶 被称为可回收垃圾。
（kě huíshōu lājī リサイクル資源）

(2) ........................ 也被称为可回收垃圾。

(3) ........................ 被称为可燃垃圾。
（kě rán lājī 燃えるゴミ）

(4) ........................ 是可燃垃圾。

(5) ........................ 是可回收垃圾。

(6) ........................ 也是可回收垃圾。

(7) ........................ 也是可回收垃圾。

## 会話

**1** 教室で 280

白露：健一，你 感冒 了？
Jiànyī, Nǐ gǎnmào le?

健一：没 感冒。是 花粉症。
Méi gǎnmào. Shì huāfěnzhèng.

白露：听说 花粉症 被 称为 日本 的“国民病”。
Tīngshuō huāfěnzhèng bèi chēngwéi Rìběn de “guómínbìng”.

健一：是 啊，一 到 这 个 季节，就 流 鼻涕。
Shì a, yí dào zhè gè jìjié, jiù liú bítì.

花粉症 huāfěnzhèng 花粉症　听说 tīngshuō 聞くところによると…だそうだ
被 bèi （受け身文で動作主を導く）…にVされる　称为 chēngwéi …という
国民病 guómínbìng 国民病　一…就… yī…jiù… …すると（すぐに）…

**2** 281

白露：妙子，你 是 感冒 还是 花粉症？
Miàozǐ, nǐ shì gǎnmào háishi huāfěnzhèng?

妙子：花粉症。
Huāfěnzhèng.

健一：我们 同病相怜。
Wǒmen tóngbìngxiānglián.

妙子：要是 没 有 花粉症，就 好 了。
Yàoshi méi yǒu huāfěnzhèng, jiù hǎo le.

还是 háishi それとも　同病相怜 tóngbìngxiānglián 同病相哀れむ
要是…，就… yàoshi…, jiù… もしも…ならば

**3** 282

妙子：纸巾 呢？
Zhǐjīn ne?

白露：被 你 放在 词典 下面 了。
Bèi nǐ fàngzài cídiǎn xiàmian le.

妙子：中国 有 花粉症 吗？
Zhōngguó yǒu huāfěnzhèng ma?

白露：也有。没 日本 这么 严重。
Yě yǒu. Méi Rìběn zhème yánzhòng.

纸巾 zhǐjīn ティッシュペーパー　呢 ne 名詞（句）+呢？ …は？（どこにあるの？）
这么 zhème こんなに、そんなに　严重 yánzhòng 深刻である、ひどい

上記の三つの会話を用いて、ペアでロールプレイをしましょう。

## 文法

### 1 受身文 284

（受け手）A＋被／让／叫＋（行為者）B＋V＋された結果　AはBに（よって）…される

口語では“被”より“让／叫”が多く用いられる。
よく「被害、不愉快、不本意」な出来事に用いられる。

饺子被（哥哥）吃了。　纸箱让／叫妈妈扔了。　他没被老师批评。

“被”の後の「行為者」は省略できますが、
“让／叫”の後には必ず行為者が示されますよ。

### 2 選択疑問文 285

どちらかを選択させる疑問文で、文末に“吗”をつけない。

A＋还是＋B　AかそれともBか

你是老师还是学生？　你去还是他去？　你吃蛋炒饭还是（吃）拉面？

### 3 複文“一…，就…”　…すると、すぐ… 286

一つの動作が終わると、次の動作がすぐ起こることを表す。
また、ある条件・原因の下で、ある結果が必ず起こることを表す。

他一下课，就回家了。
每年一到暑假，我就去旅游。　我一感冒，就流鼻涕。

### 4 複文“要是／如果…，就…”もしも…なら、… 287

“要是／如果”は省略できるが、“就”は省略できない。

（要是）下雨，我就不去了。
你（如果）忙，就别来了

283
語彙
扔 rēng　捨てる
批评 pīpíng　しかる
如果 rúguǒ　もしも、もし…ならば

★中国のゴミ分別 288

| 可回收物 | 厨余垃圾 | 有害垃圾 | 其他垃圾 |
|---|---|---|---|
| kě huíshōuwù | chúyú lājī | yǒuhài lājī | qítā lājī |
| リサイクル品 | 生ゴミ | 有害ゴミ | その他のゴミ |

## 4 技能

🔊 290

**1** 聞いて当てはまるゴミの分類を✓し、そのものがあれば何がしたいかを書き入れましょう。

| | ① | ② | ③ | ④ | ⑤ |
|---|---|---|---|---|---|
| 可燃垃圾 | ✓拍照片 | | | | |
| 不可燃垃圾 | | | | | |
| 可回收垃圾 | | | | | |

🔊 289

**語彙**

养花 yǎng huā 花を育てる

大型垃圾 dàxíng lājī 粗大ゴミ

🔊 291

**【サイコロゲーム】**

1人ずつサイコロを振って出た目の数だけ進み、そこにある「もの」について質問しましょう。

（＊紙に数字を書いてサイコロの代わりに使ってもよいです。）

例　A：（サイコロを振って「1」が出た場合）什么被扔了？

B：纸箱被扔了。

A：它是可燃垃圾还是可回收垃圾（不可燃垃圾／大型垃圾）？

B：是可回收垃圾。

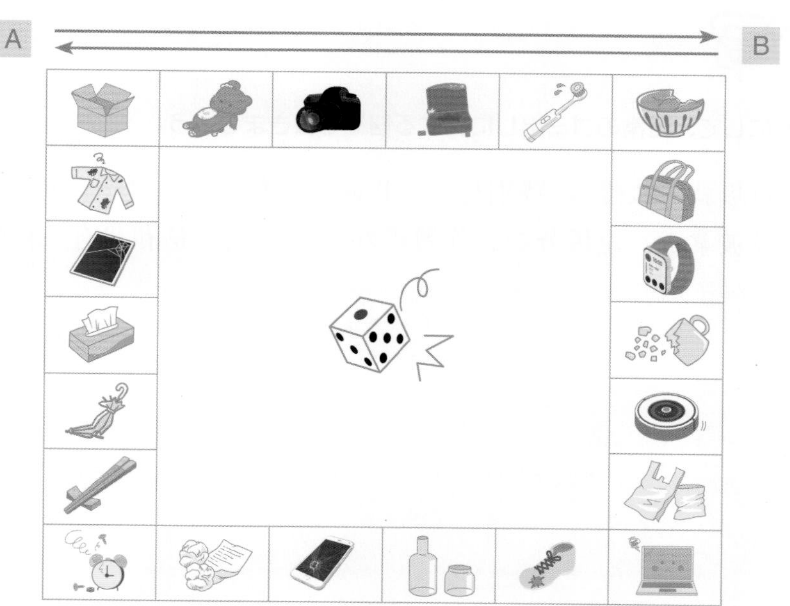

**白露的烦恼** 293

来 到 日本 以后，白露 一 扔 垃圾 就“头 疼”。特别 是 塑料 制品，
Lái dào Rìběn yǐhòu, Báilù yì rēng lājī jiù “tóu téng”. Tèbié shì sùliào zhìpǐn.

她 搞不清楚 是 可 回收 垃圾 还是 可 燃 垃圾。每 次 垃圾 没 被 拿走，
tā gǎobuqīngchu shì kě huíshōu lājī háishi kě rán lājī. Měi cì lājī méi bèi názǒu,

她 就 知道 自己 又 扔错 了。扔 垃圾 是 她 的 烦恼。近 几 年，白露
tā jiù zhīdào zìjǐ yòu rēngcuò le. Rēng lājī shì tā de fánnǎo. Jìn jǐ nián, Báilù

的 老家 上海 开始 垃圾 分类，听说 在 中国， 用 智能 手机 一 扫，
de lǎojiā Shànghǎi kāishǐ lājī fēnlèi, tīngshuō zài Zhōngguó, yòng zhìnéng shǒujī yì sǎo,

就 能 识别 垃圾 的 种类。在 日本 要是 有 这样 的 软件， 扔 垃圾
jiù néng shíbié lājī de zhǒnglèi. Zài Rìběn yàoshi yǒu zhèyàng de ruǎnjiàn, rēng lājī

的 烦恼 就 没 有 了 吧？
de fánnǎo jiù méi yǒu le ba?

292

**語彙**

| | | |
|---|---|---|
| 烦恼 fánnǎo　悩み、心配事 | 特别 tèbié　（副詞）とりわけ | 塑料制品 sùliào zhìpǐn　プラスチック製品 |
| 搞清楚 gǎoqīngchu　はっきりさせる | 拿走 názǒu　持って行く | 又 yòu　また |
| 分类 fēnlèi　分類する | 扫 sǎo　スキャンする | 识别 shíbié　見分ける、識別する |
| 软件 ruǎnjiàn　ソフト（ウェア）、APP | | |

次の文を参考にして、日常のゴミ出しに関する悩みを書きましょう。

我一扔垃圾就“头疼”。特别是…，我搞不清楚是…还是…。有一次，我把…扔错了，没被拿走。垃圾分类，你做得好吗？你是不是和我有一样的烦恼？

## 確認

中国語に訳しましょう。

1. 中国の花粉症が深刻ですか、それとも日本の花粉症が深刻ですか。

2. 毎年冬になると、私たちはスキーに行きます。

3. プラスチック製品はリサイクル資源なのかそれとも燃えるゴミなのか、私には分からない。

4. もし面白くないなら、私は見ないことにします。

5. あの本は彼によって友達に贈られました。

6. 私が昨日買ってきたケーキは姉に食べられました。



## 発展

日常のゴミ出しで困っていることや戸惑うことについて話しましょう。

「写写」でまとめた体験話を発表しましょう。

扔垃圾的烦恼

# 重要文のまとめ

## 第1课 你贵姓？ ●お名前は？

1－1 你贵姓？ ご苗字は？
—我姓秋山。 —僕は秋山といいます。

1－2 你叫什么名字？ フルネームは？
—我叫秋山健一。 —秋山健一です。

1－3 你是老师吗？ あなたは先生ですか？
—不是，我是大学生。 —違います。僕は大学生です。

1－4 认识你，很高兴！ あなたと知り合えて、嬉しいです。
—我也很高兴！ —僕も嬉しいです。

1－5 你是哪国人？ あなたはどちらの国の方ですか？
—我是中国人。 —私は中国人です。

## 第2课 你家在哪儿？ ●あなたの家はどこですか？

2－1 你家在哪儿？ あなたの家はどこですか？
—我家在秋田。 —私の家は秋田です。

2－2 你家有几口人？ あなたの家は何人家族ですか？
—四口，爸爸、妈妈、一个哥哥和我。 —4人です、父、母、一人の兄と私です。

2－3 你哥哥多大？ お兄さんはおいくつ？
—他21岁。 —21才です。

2－4 这是我的狗，它叫丽丽。 これは私の犬で、リリーといいます。
—丽丽？太可爱了！ —リリー？とても可愛いわ。

2－5 你有宠物吗？ あなたはペットを飼っていますか？
—没有，我奶奶有一只猫。 —いません。おばあちゃんは猫を1匹飼っています。

## 第3课 身体好吗？ ●お元気ですか？

3－1 最近身体好吗？ 最近お元気ですか？
—很好。你呢？ —元気です。あなたは？

3－2 学习紧张吗？ 勉強は忙しいですか？
—不紧张。 —忙しくない。

3－3　周末你忙不忙？　週末、あなたは忙しいですか？
—不太忙。　—あまり忙しくないです。

3－4　你今天真漂亮。　君は今日、本当に綺麗だ。
—哪里！哪里！今天太热了。　—どういたしまして。今日は暑すぎる。

3－5　给你。　さあどうぞ。
—哎呀，更热了。　—まあ、もっとあつくなる。

## 第4课　几点上课？　●何時に授業ですか？

4－1　今天几号？　今日は何日？
—今天 15 号。　—今日は 15 日。

4－2　现在几点？　今、何時？
—两点 20 分。　—2 時 20 分。

4－3　你不去学校吗？　あなたは学校に行かないの？
—为什么去学校？　—どうして学校に行くの？

4－4　你星期五下午做什么？　君は金曜日の午後、何をしますか？
—我和朋友去吃饭。你呢？　—私は友達と食事をしに行きます。あなたは？

4－5　我去学校学汉语。　僕は学校に中国語を勉強しに行く。
—加油！　—頑張って。

## 第5课　你的爱好是什么？　●あなたの趣味は何ですか？

5－1　这是谁的照相机？　これは誰のカメラですか？
—是我的。　—私のです。

5－2　你的爱好是摄影吗？　あなたの趣味は撮影ですか？
—是的，这些照片都是我拍的。　—そうです、これらの写真は全部私が撮ったのです。

5－3　这儿可以拍照吗？　ここは写真を撮ってもいいですか？
—这儿不可以拍照。　—ここは、撮ってはいけません。

5－4　你喜欢做什么？　あなたは何をするのが好きですか？
—我最喜欢打篮球。　—僕はバスケットするのが一番好き。

5－5　我爱摄影，也会做菜。你会吗？　私は撮影が好き、料理もできます。あなたは？
—我不会，你太棒了！　—僕はできません。君、すごいですね。

## 第6课 你在做什么呢？ ●あなたは何をしているの？

| | | |
|---|---|---|
| 6－1 | 你在做什么呢？<br>—我正在买月饼呢。你呢？ | あなたは何をしているの？<br>—私は今ちょうど月餅を買っているところ。あなたは？ |
| 6－2 | 我在准备中秋晚会。<br>—好，一会儿见。 | 私はお月見のパ—ティ—を準備しているところ。<br>—それじゃ、また後で。 |
| 6－3 | 这是我买的月饼。<br>—月饼？太好了！ | これは私が買った月餅です。<br>—月餅？やった！ |
| 6－4 | 这是妙子做的蛋糕。<br>—做得真好吃。 | これは妙子が作ったケ—キです。<br>—本当に美味しい。 |
| 6－5 | 谁是樱井？<br>—唱着歌的那个男生。他长得真帅！ | 誰が桜井君？<br>—歌を歌っているあの男の子。彼はとてもハンサムです。 |

## 第7课 你觉得行吗？ ●いいと思いますか？

| | | |
|---|---|---|
| 7－1 | 白露的生日快到了。<br>—你想送她什么？ | もうすぐ白露の誕生日。<br>—君は彼女に何を贈りたいの？ |
| 7－2 | 小钟表。你觉得行吗？<br>—生日不能送钟表，不吉利。 | 可愛い置時計。いいと思いますか？<br>—誕生日には置時計を贈ることはできない、縁起が悪い。 |
| 7－3 | 送杯子好吗？<br>—不错，她可能会喜欢。 | カップを贈るのはどう？<br>—いいですね。彼女はたぶん喜ぶはずです。 |
| 7－4 | 你要送她什么？<br>—我想送她这件衣服。 | あなたは彼女に何を贈りたいの？<br>—僕は彼女にこの服を贈りたいです。 |
| 7－5 | 不错，很可爱。<br>—希望她能喜欢。 | いいわ、とてもかわいい。<br>—彼女が喜んでくれるといいね。 |

## 第8课 怎么了？ ●どうしたの？

| | | |
|---|---|---|
| 8－1 | 要去上课了，你怎么还没起床？<br>—我不舒服。 | もう授業に行かなくちゃ、どうしてまだ起きないの？<br>—私は気分が悪い。 |
| 8－2 | 你怎么了？<br>—我感冒了。 | どうしたの？<br>—風邪をひきました。 |
| 8－3 | 你哪儿不舒服？<br>—头疼，可能发烧了。 | どこがよくないの？<br>—頭が痛くて、多分熱があります。 |

8－4　等一下，我给你感冒药。
—谢谢你！
ちょっと待って、風邪薬をあげます。
—ありがとう。

8－5　你好些了吗？
—吃了两次药，好多了。
少しよくなった？
—2 回薬を飲んで、ずっとよくなりました。

## 第9课　你是怎么去的？　●あなたはどうやって行ったのですか？

9－1　你去过温泉吗？
—去过，我去过秋保温泉。
あなたは温泉に行ったことがありますか？
—あります、私は秋保温泉に行ったことがあります。

9－2　你是什么时候去的？
—我是 4 月去的。
いつ行ったのですか？
—4 月に行きました。

9－3　咱们怎么去？
—坐公共汽车去。
私たちはどうやって行くの？
—バスで行きます。

9－4　从宿舍到那儿有多远？
—大约 40 分钟。
宿舎からそこまでどのくらいあるの？
—大体 40 分です。

9－5　上周末的旅行愉快吗？
—不太愉快。
为什么？
先週末の旅行は、楽しかった？
—あまり楽しくなかったです。
どうして？

## 第10课　你家离车站远吗？　●あなたの家は駅から遠いですか？

10－1　休息的时候，你喜欢做什么？
—听音乐，我对音乐有兴趣。
休みの時、あなたは何をするのが好きですか？
—音楽を聴くことです。私は音楽に興味があります。

10－2　下个星期天我们一起去唱
卡拉 OK 吧。
—日程表在我房间里，
一会儿我看看。
来週の日曜日、私たちは一緒に
カラオケに行きましょう。
—スケジュール表は、私の部屋にあるので、
後で見てみます。

10－3　那儿离学校远吗？
—不远。从学校到那儿，
坐地铁 5 分钟就能到。
そこは学校から遠いですか？
—遠くない。学校からそこまで、
地下鉄で 5 分で着くことができます。

10－4　咱们在哪儿集合？
—在车站旁边的星巴克。
私たちはどこで集まるの？
—駅のそばのスターバックスで。

10－5　健一知道怎么去吗？
—我给他打电话，问问他。
健一はどう行くのか知っているの？
—私が彼に電話をかけて聞いてみます。

## 第11课 明天下雪吗？ ●明日は雪が降りますか？

| | | |
|---|---|---|
| 11－1 | 今天天气真冷。 | 今日は天気が本当に寒い。 |
| | —是啊，比昨天冷多了。 | —そうね、昨日よりずっと寒いわ。 |
| 11－2 | 你老家天气怎么样？ | あなたの故郷は、天気がどうですか？ |
| | —没有仙台冷，20度左右。 | —仙台ほど寒くはありません。20度前後です。 |
| 11－3 | 明天下雪。 | 明日は雪です。 |
| | —下雪？那一定很漂亮吧？ | —雪？それじゃ、きっととてもきれいでしょう？ |
| 11－4 | 白露让我问问你昨天笑什么？ | あなたが昨日何を笑っていたのか、聞くように白露に頼まれたの。 |
| | —那是秘密，不能告诉你们。 | —それは秘密、君たちには話せない。 |
| 11－5 | 我请你吃饭，告诉我好吗？ | ご馳走してやるから、教えてくれる？ |
| | —我想想。……好吧，告诉你可以，但是你不能告诉白露。 | —そうだな。……よし、教えましょう。だけど、白露に話してはダメだよ。 |

## 第12课 吃川菜，好吗？ ●四川料理は、いかがですか？

| | | |
|---|---|---|
| 12－1 | 今天午饭吃什么？ | 今日のお昼は何を食べますか？ |
| | —去吃拉面，好吗？ | —ラーメンを食べに行くのはどう？ |
| 12－2 | 拉面、寿司、还是麦当劳？ | ラーメン、寿司、それともマクドナルド？ |
| | —别想了，去吃拉面吧。 | —もう考えないで、ラーメンを食べに行きましょう。 |
| 12－3 | 这儿的饺子很好吃， | ここのギョーザは美味しいの、 |
| | 再来一盘饺子，怎么样？ | ギョーザも一皿注文しては、どうですか？ |
| | —好啊！ | —いいですよ。 |
| 12－4 | 你喝酒吧？ | お酒飲むでしょう？ |
| | —不行。因为我没到20岁，所以不能喝酒。 | —だめ。僕は20才になっていないから、飲めない。 |
| 12－5 | 那你想喝什么？ | それでは、何を飲みたいの？ |
| | —可乐。我喜欢甜的。 | —コーラ、僕は甘いのが好きです。 |

## 第13课 你买什么？ ●何を買いますか？

| | | |
|---|---|---|
| 13－1 | 英语复习好了吗? | 英語はちゃんと復習しましたか？ |
| | —没有。语法太难了，还没学会。 | —いいえ、文法が難しすぎてまだマスターできていません。 |

13－2 买本参考书怎么样？ 参考書を一冊買ってみてはどうですか？
—好主意。健一在书店打工， ーいいですね。健一が書店でバイトしているから、
我打算去他那儿看看。 健一のところへ見に行こうと思います。

13－3 这两本一共多少钱？ この二冊は合計でいくらですか？
——一万日元，不打折。 ——万円で値引きはありません。

13－4 怎么了？ どうしましたか？
—我的钱包放在房间里了。 ー私の財布を部屋に置いてきちゃいました。

13－5 这儿可以用手机支付。 ここではスマホでも支払えますよ。
—糟糕，手机也找不到了！ ーしまった、スマホも見当たらない！

## 第14课 你知道"节分"吗？ ●「節分」を知っていますか。

14－1 今天举行撒豆活动， 今日は豆まきの行事がありますが、
一起去怎么样？ 一緒に行ってみませんか？
—什么是"撒豆"？ ー「豆まき」って何ですか？

14－2 是驱邪活动。大家一边喊着： 邪気を追い払う行事ですよ。
"福进来，鬼出去"，一边撒豆子。 みんなで「鬼は外、福は内」と叫びながら豆をまくんです。
—有意思，我很想去看看。 ー面白そうですね。とても見に行きたいです。

14－3 在中国，节分的时候有活动吗？ 中国では節分の時に行事がありますか？
—没有，只是普通的一天。 ーありません。普段通りの一日です。

14－4 我想跟你们一起去。 君たちと一緒に行きたいな。
—那太好了。我们十点半出发。 ーあらいいわよ、私たちは10時半に出かけます。

14－5 我先去图书馆还书， 僕は先に図書館へ本を返しに行きますが、
出发以前一定回得来。 出発までに必ず戻ってきます。
—好，我们等你。 ー分かったわ、待ってます。

## 第15课 黑板上贴着什么？ ●黒板に何が貼っていますか。

15－1 外面下雪了。 外は雪が降っています。
—越下越大。不能出去玩儿， ーどんどん激しく降ってきた。
太没意思了。 遊びに出かけられないし、つまらないよ。

15－2 黑板上贴着通知。 黒板に通知が貼ってあるよ。

—咱们去看看上面写着什么。 ーなんて書いてあるか見に行きましょう。

15－3 请把厨房打扫干净。 台所をきれいに掃除してください。
—小菜一碟，让扫地机器人帮忙。 ー朝飯前ね。掃除ロボットに手伝ってもらいましょう。

15－4 给你的新朋友点赞！ あなたの新しい友達に「いいね！」をつけましょう！
—人机搭配，干活不累。 ー人間と機械が手を組めば、作業も疲れません。

15－5 那咱们一起愉快地看视频吧。 じゃあ私たちは一緒に楽しく動画を見ましょう。
—别忘了薯片和可乐！ ーポテチとコーラを忘れないでね！

## 第16课 你是花粉症还是感冒？ ●花粉症ですか、それとも風邪ですか。

16－1 听说花粉症被称为日本的“国民病”。 花粉症は日本の「国民病」と言われているそうですね。
—是啊，一到这个季节，就流鼻涕。 ーそうなんだ、この時期になると、鼻水が出てくるんだ。

16－2 你是感冒还是花粉症？ あなたは風邪？それとも花粉症？
—花粉症。 ー花粉症。

16－3 我们同病相怜。 私たち同病相哀れむですね。
—要是没有花粉症，就好了。 ー花粉症なんてなければいいのにね。

16－4 纸巾呢？ ティッシュは（どこ）？
—被你放在词典下面了。 ーあなたが辞書の下に置いたんでしょ。

16－5 中国有花粉症吗？ 中国には花粉症があるんですか？
—也有。没日本这么严重。 ー中国にもあるけど、日本ほど深刻じゃないわ。

# 単語索引

| | | | |
|---|---|---|---|
| dǎ gōng | 打工 | アルバイトをする | 44 |
| dǎ lánqiú | 打篮球 | バスケットボールをする | 44 |
| dǎsǎo | 打扫 | 掃除する | 107 |
| dǎsuàn | 打算 | …するつもりだ | 95 |
| dǎ wǎng (luò) yóu (xì) | 打网(络)游(戏) | ネットゲームをする | 108 |
| dǎ wǎngqiú | 打网球 | テニスをする | 48 |
| dǎ zhé | 打折 | 割引きする | 95 |
| dà | 大 | 年齢が上である | 36 |
| dàbā | 大巴 | 大型バス | 73 |
| dàcān | 大餐 | 立派なごちそう | 103 |
| dàjiā | 大家 | みなさん | 26 |
| dàxíng lājī | 大型垃圾 | 粗大ゴミ | 115 |
| dàxuéshēng | 大学生 | 大学生 | 23 |
| dàyuē | 大约 | 大体 | 71 |
| dài | 带 | 携帯する | 85 |
| dài | 带 | 引き連れる | 103 |
| dànchǎofàn | 蛋炒饭 | 卵入りチャーハン | 89 |
| dàndanmiàn | 担担面 | タンタンメン | 91 |
| dàngāo | 蛋糕 | ケーキ | 52 |
| dànshì | 但是 | しかし | 62 |
| dàngzuò | 当做 | …とみなす、…と思う | 110 |
| dào | 到 | …になる、達する | 59 |
| dào | 到 | …まで | 71 |
| …dào | …到 | (目的に)達する(結果補語、第13課参照) | 96 |
| dàochù | 到处 | あちこち | 104 |
| de | 的 | の | 23 |
| de | 得 | 動詞に付き、程度を表す補語を導く | 53 |
| de | 地 | (助詞)一部語句の後に用いて連用修飾語をつくる | 107 |
| deduō | 得多 | ずっと…だ | 84 |
| děng | 等 | など | 56 |
| děng | 等 | 待つ | 65 |
| dìdi hé mèimei | 弟弟和妹妹 | 弟と妹 | 28 |
| dìtiě | 地铁 | 地下鉄 | 70 |
| …diǎn…fēn | …点…分 | …時…分 | 41 |
| diǎn zàn | 点赞 | 「いいね!」をつける | 107 |
| diànchē | 电车 | 電車 | 72 |
| diàndòng yáshuā | 电动牙刷 | 電動歯ブラシ | 106 |
| diànhuà | 电话 | 電話 | 22 |
| diànnǎo | 电脑 | コンピューター | 58 |
| diànshì | 电视 | テレビ | 32 |
| diànshìjù | 电视剧 | テレビドラマ | 79 |
| diànzhǎng | 店长 | 店長 | 80 |
| diū shābāo | 丢沙包 | お手玉を投げる | 102 |
| Dōngjīng | 东京 | 東京 | 34 |
| dōngtiān | 冬天 | 冬 | 84 |
| …dǒng | …懂 | …して理解する(結果補語、第13課参照) | 96 |
| dòngwù | 动物 | 動物 | 50 |
| dōu | 都 | みな | 47 |
| dòujiāng | 豆浆 | 豆乳 | 92 |
| dòu (zi) | 豆(子) | 豆 | 101 |
| dúshēngzǐ | 独生子 | 一人っ子 | 29 |
| dùzi téng | 肚子疼 | お腹が痛い | 66 |
| Duānwǔjié | 端午节 | 端午の節句 | 54 |
| duì | 对 | …に | 77 |
| Duìbuqǐ | 对不起 | すみません | 19 |
| duō | 多 | 余り | 56 |
| duō cháng shíjiān | 多长时间 | どのぐらいの時間 | 73 |
| duō dà | 多大 | 何才 | 29 |
| duō le | 多了 | ずっと、かなり | 65 |
| duōshao | 多少 | どのくらい | 48 |
| duōshao qián | 多少钱 | いくら | 95 |

## E

| | | | |
|---|---|---|---|
| Értóngjié | 儿童节 | こどもの日 | 100 |
| érzi | 儿子 | 息子 | 31 |

## F

| | | | |
|---|---|---|---|
| fā shāo | 发烧 | 熱が出る | 64 |
| fā yóujiàn | 发邮件 | メールを送る | 68 |
| fān gēntou | 翻跟头 | とんぼ返りをする | 104 |
| fān huāshéng | 翻花绳 | あやとり | 102 |
| fánnǎo | 烦恼 | 悩み、心配事 | 116 |
| fàndiàn | 饭店 | ホテル | 76 |
| fànguǎnr | 饭馆儿 | レストラン | 110 |
| fángjiān | 房间 | 部屋 | 23 |
| fàng | 放 | 入れる、混ぜる | 89 |
| fàng fēngzheng | 放风筝 | 凧を揚げる | 102 |
| fēi | 飞 | 飛ぶ、ひらひらする | 104 |
| fēicháng | 非常 | 非常に | 36 |
| fēijī | 飞机 | 飛行機 | 70 |
| fèizhǐ | 废纸 | 紙くず | 112 |
| fēn | 分 | 1元の100分の1 | 96 |
| fēnlèi | 分类 | 分類する | 116 |
| fēnzhōng | 分钟 | …分間 | 71 |
| fěnsī | 粉丝 | ファン | 50 |
| fēngfù duōcǎi | 丰富多彩 | 多彩である | 92 |
| fēngjǐng | 风景 | 風景 | 86 |
| fú | 福 | 幸福、幸せ | 101 |
| fúwùyuán | 服务员 | 店員、従業員 | 89 |

| | | | |
|---|---|---|---|
| Fùqinjié | 父亲节 | 父の日 | 100 |
| fùxí | 复习 | 復習する | 95 |

## G

| | | | |
|---|---|---|---|
| gālífàn | 咖喱饭 | カレーライス | 55 |
| gānjìng | 干净 | 清潔である | 107 |
| gǎnmào | 感冒 | 風邪（をひく） | 64 |
| gǎnqíng | 感情 | 感情 | 56 |
| gǎn xìngqù | 感兴趣 | 興味がある | 80 |
| gàn huó | 干活 | 仕事をする、働く | 107 |
| gāng | 刚 | …したばかりである | 78 |
| gāo | 高 | 高い | 72 |
| gāoxìng | 高兴 | うれしい | 23 |
| gǎoqīngchu | 搞清楚 | はっきりさせる | 116 |
| gàosu | 告诉 | 告げる | 68 |
| gēge | 哥哥 | 兄 | 28 |
| gè | 个 | （量詞）人や物を数える | 29 |
| gèzi | 个子 | 身長 | 84 |
| gěi | 给 | 与える、やる | 65 |
| gěi | 给 | …に（前置詞、第 10 課参照） | 65 |
| gěi nǐ | 给你 | さあどうぞ | 35 |
| gēn | 跟 | …と | 78 |
| gèng | 更 | もっと | 35 |
| gōnggòng qìchē | 公共汽车 | バス | 70 |
| gōngwùyuán | 公务员 | 公務員 | 32 |
| gōngyuán | 公园 | 公園 | 76 |
| gōngzuò | 工作 | 仕事 | 34 |
| gòu wù | 购物 | 買い物する | 98 |
| gùshi | 故事 | 物語、お話 | 104 |
| gùxiāng | 故乡 | 故郷 | 56 |
| guā fēng | 刮风 | 風が吹く | 82 |
| guǎi | 拐 | 曲がる | 78 |
| guǎnggào pái | 广告牌 | 広告版 | 106 |
| guàng jiē | 逛街 | 街をぶらつく | 110 |
| guǐ | 鬼 | 幽霊、亡霊 | 101 |
| guì | 贵 | （敬語） | 23 |
| guì | 贵 | （値段が）高い | 60 |
| guómínbìng | 国民病 | 国民病 | 113 |
| Guóqìngjié | 国庆节 | 国慶節 | 100 |
| guo | 过 | …したことがある | 71 |

## H

| | | | |
|---|---|---|---|
| hái | 还 | まだ | 65 |
| háishi | 还是 | それとも | 113 |
| Hánguórén | 韩国人 | 韓国人 | 24 |
| hánjià | 寒假 | 冬休み | 73 |
| hǎn | 喊 | 叫ぶ | 101 |
| Hànyǔ | 汉语 | 中国語 | 26 |
| hǎo | 好 | よい | 35 |
| …hǎo | …好 | ちゃんと…する（結果補語、第 13 課参照） | 96 |
| hǎochī | 好吃 | 美味しい | 53 |
| hǎohāor | 好好儿 | よく、ちゃんと | 108 |
| hǎoyǒu | 好友 | 親しい友 | 62 |
| hǎo zhǔyi | 好主意 | いい考え | 95 |
| hào | 号 | にち | 41 |
| hàomǎ | 号码 | ナンバー | 22 |
| hē | 喝 | 飲む | 84 |
| hé | 和 | …と | 29 |
| hé | 盒 | （量詞）（箱入りのものを数える）…箱 | 97 |
| héshì | 合适 | ぴったりする | 98 |
| hēi | 黑 | 黒 | 55 |
| hēibǎn | 黑板 | 黒板 | 107 |
| hěn | 很 | とても | 23 |
| hěnduō | 很多 | とても多い | 49 |
| hóngchá | 红茶 | 紅茶 | 91 |
| hóngsè | 红色 | 赤い色 | 54 |
| hòu | 后 | （時間）後 | 43 |
| hòunián | 后年 | 再来年 | 42 |
| hòutiān | 后天 | あさって | 42 |
| hùliánwǎng | 互联网 | インターネット | 106 |
| huā | 花 | つかう、消費する | 96 |
| huāfěnzhèng | 花粉症 | 花粉症 | 113 |
| huá xuě | 滑雪 | スキーをする | 48 |
| huà huàr | 画画儿 | 絵をかく | 49 |
| huài | 坏 | 悪い、壊れる、壊す | 71 |
| huānyíng | 欢迎 | ようこそ、歓迎する | 23 |
| Huānyíng guānglín | 欢迎光临 | いらっしゃいませ | 97 |
| huán | 还 | 返却する | 101 |
| huánjìng | 环境 | 環境 | 86 |
| huángjīnzhōu | 黄金周 | ゴールデンウィーク | 100 |
| huí | 回 | 帰る | 43 |
| huíxiǎng | 回想 | 思い出す | 104 |
| huì | 会 | …できる | 47 |
| huì | 会 | …のはずである | 59 |
| huìbào | 汇报 | 報告する | 80 |
| húntun | 馄饨 | ワンタン | 92 |
| huódòng | 活动 | 行事、催し | 101 |
| huǒguō | 火锅 | 火鍋、寄せ鍋 | 92 |

## J

| | | | |
|---|---|---|---|
| jīchǎng | 机场 | 空港 | 70 |
| jīdàn | 鸡蛋 | 卵 | 88 |

| | | | |
|---|---|---|---|
| jīqìrén | 机器人 | ロボット | 107 |
| jíhé | 集合 | 集まる | 77 |
| jílì | 吉利 | 縁起がいい | 59 |
| jǐ | 几 | いくつ | 29 |
| jǐ diǎn | 几点 | 何時 | 41 |
| jì | 祭 | 祭る | 56 |
| jìjié | 季节 | 季節 | 84 |
| jìyì | 记忆 | （名詞）記憶 | 104 |
| jiā | 家 | 家 | 28 |
| jiādiàn chéng | 家电城 | 家電量販店 | 109 |
| jiārén | 家人 | 家族 | 56 |
| jiātíng zhǔfù | 家庭主妇 | 家庭主婦 | 32 |
| jiā yóu | 加油 | 頑張ってください | 41 |
| jiàqī | 假期 | 休暇 | 103 |
| jiàn | 见 | 会う | 53 |
| …jiàn | …见 | 視覚、聴覚、嗅覚などで感じとる（結果補語、第 13 課参照） | 96 |
| jiàn | 件 | （量詞）上着や事柄に用いる | 59 |
| jiāo | 教 | 教える | 54 |
| jiāohuàn | 交换 | 交換する | 104 |
| jiǎo | 角 | 1 元の 10 分の 1 | 96 |
| jiǎozi | 饺子 | 餃子 | 88 |
| jiào | 叫 | （名前を）…という | 23 |
| jiào | 叫 | 呼ぶ | 26 |
| jiàoshì | 教室 | 教室 | 40 |
| jiéfēn | 节分 | 節分 | 101 |
| jiérì | 节日 | 祝日 | 56 |
| jiějie | 姐姐 | 姉 | 28 |
| jīnnián | 今年 | 今年 | 42 |
| jīntiān | 今天 | 今日 | 35 |
| jǐnzhāng | 紧张 | （勉強が）忙しい | 35 |
| jìn | 近 | 近い | 78 |
| jiǔ | 酒 | 酒 | 89 |
| jiǔzhé | 九折 | 1 割引 | 96 |
| jiù | 就 | すぐに | 77 |
| jǔxíng | 举行 | 行う | 101 |
| juéde | 觉得 | …と思う | 59 |

## K

| | | | |
|---|---|---|---|
| kāfēi | 咖啡 | コーヒー | 88 |
| kǎlā OK | 卡拉OK | カラオケ | 77 |
| kāi | 开 | 開く | 54 |
| kāi chē | 开车 | 運転する | 72 |
| kāilǎng | 开朗 | 明るい | 83 |
| kāishǐ | 开始 | 開始する | 66 |
| kāi wánxiào | 开玩笑 | 冗談をいう、からかう | 110 |
| kāi wǎnhuì | 开晚会 | 夜会を開く | 52 |
| kāixīn | 开心 | 楽しい | 62 |
| kàn | 看 | 見る | 32 |
| kànbìng | 看病 | 診察する | 68 |
| kàn diànyǐng | 看电影 | 映画を見る | 35 |
| kàn dòngmàn | 看动漫 | アニメや漫画を見る | 76 |
| kàn rìchū | 看日出 | 日の出を見る | 103 |
| kàn shū | 看书 | 本を読む | 40 |
| kǎoyā | 烤鸭 | 北京ダック | 72 |
| kě'ài | 可爱 | 可愛い | 29 |
| kě huíshōu lājī | 可回收垃圾 | リサイクル資源 | 112 |
| kě huíshōuwù | 可回收物 | リサイクル品 | 114 |
| kělè | 可乐 | コーラ | 89 |
| kěnéng | 可能 | たぶん… | 59 |
| kě rán lājī | 可燃垃圾 | 燃えるゴミ | 112 |
| kěshì | 可是 | しかし | 38 |
| kěyǐ | 可以 | …してもよい | 47 |
| kè | 课 | 授業 | 41 |
| kè | 刻 | 15 分 | 43 |
| kèqi | 客气 | 遠慮する | 91 |
| kōngtiáo | 空调 | エアコン | 32 |
| kōngzhōng | 空中 | 空中 | 104 |
| kǒu | 口 | （量詞）家族の人数を表す | 29 |
| kǒuzhào | 口罩 | マスク | 94 |
| kū | 哭 | 泣く | 104 |
| kǔ | 苦 | 苦い | 90 |
| kù | 酷 | かっこいい | 37 |
| kùzi | 裤子 | ズボン | 94 |
| kuài | 快 | 速い | 74 |
| kuài | 块 | 「元」の口語 | 96 |
| kuàilè | 快乐 | 愉快である、楽しい | 36 |
| kuài…le | 快…了 | もうすぐ… | 59 |
| kuàizi | 筷子 | 箸 | 94 |
| kuān | 宽 | 幅が広い | 72 |

## L

| | | | |
|---|---|---|---|
| lājī | 垃圾 | ゴミ | 112 |
| lāmiàn | 拉面 | ラーメン | 89 |
| là | 辣 | 辛い | 90 |
| làjiāo | 辣椒 | 唐辛子 | 91 |
| lái | 来 | 来る | 42 |
| lái | 来 | 注文する、…ください | 89 |
| làngmàn | 浪漫 | ロマンチックである | 83 |
| lǎojiā | 老家 | 故郷 | 83 |
| lǎoshī | 老师 | 先生 | 22 |
| le | 了 | …になった | 30 |
| lèi | 累 | 疲れる | 64 |
| lěng | 冷 | 寒い | 34 |

| | | | |
|---|---|---|---|
| lí | 梨 | 梨 | 61 |
| lí | 离 | …から | 77 |
| li | 里 | なか | 30 |
| lìshǐ | 历史 | 歴史 | 56 |
| liǎ | 俩 | ふたり | 68 |
| liángkuai | 凉快 | 涼しい | 82 |
| liǎng | 两 | 二 | 30 |
| liàolǐ | 料理 | 料理 | 92 |
| líng | 0 | 0 | 23 |
| língxià | 零下 | 零下 | 85 |
| liú bítì | 流鼻涕 | はなを垂らす | 66 |
| liúxíng yīnyuè | 流行音乐 | ポップス | 50 |
| liúxué | 留学 | 留学 | 42 |
| liúxuéshēng | 留学生 | 留学生 | 24 |
| lùguò | 路过 | 通過する | 104 |
| lǚxíng | 旅行 | 旅行 | 71 |
| lǚyóu | 旅游 | 旅行 | 46 |

## M

| | | | |
|---|---|---|---|
| māma | 妈妈 | 母 | 29 |
| ma | 吗 | か | 23 |
| mǎi | 买 | 買う | 53 |
| mǎi dōngxi | 买东西 | 買物をする | 76 |
| Màidāngláo | 麦当劳 | マクドナルド | 89 |
| mànhuà | 漫画 | 漫画 | 50 |
| máng | 忙 | 忙しい | 34 |
| māo | 猫 | ネコ | 29 |
| máo | 毛 | 「角」の口語 | 96 |
| máoróng wánjù | 毛绒玩具 | ぬいぐるみ | 112 |
| màozi | 帽子 | 帽子 | 94 |
| méi | 没 | 否定副詞 | 29 |
| méi diàn le | 没电了 | 電池が切れた | 110 |
| Méi guānxi | 没关系 | 問題ない、大丈夫だ | 19 |
| Měiguórén | 美国人 | アメリカ人 | 25 |
| měi tiān | 每天 | 毎日 | 37 |
| mén | 门 | ドア | 54 |
| mǐfàn | 米饭 | ご飯 | 88 |
| mìmì | 秘密 | 秘密 | 83 |
| miànbāo | 面包 | パン | 88 |
| miàntiáor | 面条儿 | 麺 | 88 |
| miǎo | 秒 | 秒 | 42 |
| míng | 名 | (量詞)名 | 30 |
| míngnián | 明年 | 来年 | 42 |
| míngtiān | 明天 | 明日 | 41 |
| míngzi | 名字 | 名前 | 22 |
| mótuōchē | 摩托车 | オートバイ | 72 |
| Mǔqinjié | 母亲节 | 母の日 | 100 |

## N

| | | | |
|---|---|---|---|
| názǒu | 拿走 | 持って行く | 116 |
| nǎ gè | 哪个 | どれ | 23 |
| nǎ guó rén | 哪国人 | どちらの国の人、何人 | 23 |
| nǎli | 哪里 | いやいや(どういたしまして) | 35 |
| nǎli rén | 哪里人 | どこの出身 | 25 |
| nǎr | 哪儿 | どこ | 29 |
| nà | 那 | それでは | 89 |
| nǎinai | 奶奶 | 祖母 | 29 |
| nán | 难 | 難しい | 38 |
| nánde | 男的 | 男 | 55 |
| nánpéngyou | 男朋友 | 彼氏 | 30 |
| nánshēng | 男生 | 男子学生 | 53 |
| ne | 呢 | …は? | 35 |
| ne | 呢 | 語気助詞 | 59 |
| ne | 呢 | …は?(どこにあるの?) | 113 |
| néng | 能 | …できる | 59 |
| nǐ | 你 | あなた | 23 |
| Nǐ hǎo | 你好 | こんにちは | 19 |
| niánjì | 年纪 | 年齢 | 30 |
| níngméng | 柠檬 | レモン | 91 |
| niú | 牛 | すごい | 110 |
| niúnǎi | 牛奶 | 牛乳 | 88 |
| nónglì | 农历 | 旧暦 | 56 |
| nǔlì | 努力 | 努力する、励む | 108 |
| nǚde | 女的 | 女 | 55 |
| nǚ'ér | 女儿 | 娘 | 31 |
| nǚpéngyou | 女朋友 | 彼女 | 32 |
| nuǎnhuo | 暖和 | 暖かい | 82 |

## P

| | | | |
|---|---|---|---|
| pá | 爬 | (山に)登る | 103 |
| pāi (zhào) | 拍(照) | 写真を撮る | 47 |
| pàiduì | 派对 | パーティー | 62 |
| pán | 盘 | (量詞)皿 | 89 |
| pánzi | 盘子 | 大きな皿 | 94 |
| pángbiān | 旁边 | 隣、横 | 77 |
| pǎo | 跑 | 走る、駆ける | 104 |
| pǎo | 跑 | 逃げる、逃走する | 108 |
| pào wēnquán | 泡温泉 | 温泉につかる | 71 |
| péngyou | 朋友 | 友達 | 41 |
| pīpíng | 批评 | しかる | 114 |
| pīzhǔn | 批准 | 許可を与える | 68 |
| píjiǔ | 啤酒 | ビール | 84 |
| píxié | 皮鞋 | 革靴 | 112 |
| piányi | 便宜 | 安い | 60 |
| piāo | 飘 | 舞う、漂う | 104 |

| | | | |
|---|---|---|---|
| piàoliang | 漂亮 | きれいである、美しい | 35 |
| Píng'ānyè | 平安夜 | クリスマスイブ | 83 |
| píngbǎn diànnǎo | 平板电脑 | タブレット PC | 106 |
| píngguǒ | 苹果 | リンゴ | 58 |
| pǔtōng | 普通 | 普通である | 101 |

## Q

| | | | |
|---|---|---|---|
| qīdài | 期待 | 期待する | 98 |
| qīwǔzhé | 七五折 | 25% オフ | 96 |
| qí | 骑 | (またがって)乗る | 70 |
| qítā lājī | 其他垃圾 | その他のゴミ | 114 |
| qǐ chuáng | 起床 | 起きる | 43 |
| qìhòu | 气候 | 気候 | 84 |
| qìwēn | 气温 | 気温 | 86 |
| qiánbāo | 钱包 | 財布 | 95 |
| qiánnián | 前年 | おととし | 42 |
| qiántiān | 前天 | おととい | 42 |
| qiǎokèlì | 巧克力 | チョコレート | 58 |
| …qīngchu | …清楚 | …はっきりする(結果補語、第 13 課参照) | 96 |
| qīngdàn | 清淡 | あっさりしている | 90 |
| Qīngmíngjié | 清明节 | 清明節 | 54 |
| Qíngrénjié | 情人节 | バレンタインデー | 100 |
| qíngtiān | 晴天 | 晴れ | 82 |
| qǐng | 请 | どうぞ | 19 |
| qǐng | 请 | ご馳走する、おごる | 83 |
| qǐngjià | 请假 | 休みをもらう | 68 |
| qǐngjiàtiáo | 请假条 | 欠席届 | 68 |
| qǐng kè | 请客 | おごる | 91 |
| qǐng wèn | 请问 | おたずねしますが | 24 |
| qiūtiān | 秋天 | 秋 | 84 |
| qū xié | 驱邪 | 邪気を追い払う | 101 |
| qùnián | 去年 | 去年、昨年 | 42 |
| qù xuéxiào | 去学校 | 学校に行く | 40 |
| què | 却 | (副詞)かえって | 104 |

## R

| | | | |
|---|---|---|---|
| ràng | 让 | …させる | 83 |
| rè | 热 | 暑い | 34 |
| rè'ài | 热爱 | 熱愛する | 92 |
| rèqíng | 热情 | 親切である | 74 |
| rénmen | 人们 | 人々 | 56 |
| rènshi | 认识 | 知り合う | 23 |
| rènzhēn | 认真 | 真面目である、真剣である | 108 |
| rēng | 扔 | 捨てる | 114 |
| Rìběnrén | 日本人 | 日本人 | 22 |
| rìcháng | 日常 | 日常 | 92 |
| rìchéngbiǎo | 日程表 | スケジュール | 77 |
| rìyuán | 日元 | (日本の)円 | 95 |
| rúguǒ | 如果 | もしも、もし…ならば | 114 |
| rù xué zhǐdǎo | 入学指导 | 入学ガイダンス | 41 |
| ruǎnjiàn | 软件 | ソフト(ウェア)、APP | 116 |

## S

| | | | |
|---|---|---|---|
| sǎ | 撒 | まく | 101 |
| sān kǒu rén | 三口人 | (家族)三人 | 28 |
| sǎn | 伞 | 傘 | 85 |
| sǎngzi téng | 嗓子疼 | のどが痛い | 66 |
| sǎo | 扫 | スキャンする | 116 |
| sǎo dì | 扫地 | 地面を掃除する | 107 |
| shānshuǐ | 山水 | 山水 | 86 |
| shāngdiàn | 商店 | 商店 | 76 |
| shàng gè xīngqī | 上个星期 | 先週 | 42 |
| shàng gè yuè | 上个月 | 先月 | 42 |
| shàng kè | 上课 | 授業に出る | 40 |
| shàngmian | 上面 | (物の)表面、上 | 107 |
| shàng wǎng | 上网 | インターネットをする | 108 |
| shàng wǎngkè | 上网课 | オンライン授業を受ける | 110 |
| shàngwǔ | 上午 | 午前 | 42 |
| shàng xué | 上学 | 登校する | 80 |
| shǎng yuè | 赏月 | 月見 | 56 |
| shāokǎo | 烧烤 | 焼き肉 | 92 |
| shèyǐng | 摄影 | 写真を撮る、撮影する | 46 |
| shéi | 谁 | 誰 | 30 |
| shēntǐ | 身体 | 体 | 34 |
| shénme | 什么 | なに | 23 |
| shénme shíhou | 什么时候 | いつ | 71 |
| shēng bìng | 生病 | 病気になる | 64 |
| shēnghuó | 生活 | 生活 | 80 |
| shēngrì | 生日 | 誕生日 | 36, 59 |
| shěng | 省 | 省 | 86 |
| Shèngdànjié | 圣诞节 | クリスマス | 36 |
| shíbié | 识别 | 見分ける、識別する | 116 |
| shíhou | 时候 | の時 | 77 |
| shíjiān | 时间 | 時間 | 91 |
| shítáng | 食堂 | 食堂 | 40 |
| shì | 是 | …である | 23 |
| shì | 事 | こと | 60 |
| shì | 试 | 試す | 78 |
| shì de | 是的 | そうです | 25 |
| shìjiè | 世界 | 世界 | 86 |
| shìpín | 视频 | 動画 | 107 |
| shìpín liáo tiān | 视频聊天 | ビデオチャットをする | 108 |
| shōu | 收 | 受け取る | 98 |
| shǒu | 首 | (量詞)曲 | 66 |

| | | | |
|---|---|---|---|
| shǒubiǎo | 手表 | 腕時計 | 58 |
| shòusī | 寿司 | 寿司 | 89 |
| shū | 书 | 本 | 30 |
| shūbāo | 书包 | カバン | 112 |
| shūdiàn | 书店 | 書店、本屋 | 95 |
| shūfu | 舒服 | 気分がよい | 65 |
| shǔjià | 暑假 | 夏休み | 73 |
| shǔpiàn | 薯片 | ポテトチップス | 107 |
| shuā yá | 刷牙 | 歯を磨く | 109 |
| shuài | 帅 | ハンサムである | 53 |
| shuāng | 双 | (量詞)(対になっているものを数える)…対 | 97 |
| shuǐguǒ | 水果 | フルーツ | 58 |
| shuǐjiǎo | 水饺 | 水ギョーザ | 92 |
| shuìjiào | 睡觉 | 寝る | 44 |
| shuōhuà | 说话 | お喋りをする | 90 |
| sīniàn | 思念 | 恋しく思う | 56 |
| sìjì | 四季 | 四季 | 84 |
| sòng | 送 | 贈る | 59 |
| sòng lǐwù | 送礼物 | プレゼントする | 58 |
| sùliàodài | 塑料袋 | ビニール袋 | 112 |
| sùliào zhìpǐn | 塑料制品 | プラスチック製品 | 116 |
| sùshè | 宿舍 | 寮 | 32 |
| suān | 酸 | 酸っぱい | 90 |
| suì | 岁 | 才 | 29 |

## T

| | | | |
|---|---|---|---|
| tāmen | 他们 | 彼ら | 22 |
| tái | 台 | (量詞)機械などを数える | 32 |
| táifēng | 台风 | 台風 | 85 |
| tài hǎo le | 太好了 | やった、よかった | 53 |
| tài…le | 太…了 | とても…だ、…すぎる | 29 |
| tán gāngqín | 弹钢琴 | ピアノを弾く | 49 |
| tāng | 汤 | スープ | 92 |
| táng | 糖 | 砂糖 | 91 |
| tèbié | 特别 | (副詞)とりわけ | 116 |
| tī zúqiú | 踢足球 | サッカーをする | 46 |
| tǐyàn | 体验 | 身をもって経験する | 98 |
| tiān | 天 | 日(間) | 67 |
| tiānqì | 天气 | 天気 | 37 |
| tián | 甜 | 甘い | 60, 90 |
| tiáo | 条 | (量詞)細長いものを数える | 98 |
| tiào píjīn | 跳皮筋 | ゴム跳びをする | 102 |
| tiào wǔ | 跳舞 | ダンスをする | 46 |
| tiē | 贴 | 貼る | 107 |
| tīng huà | 听话 | 言うことを聞く | 104 |
| tīngshuō | 听说 | 聞くところによると…だそうだ | 113 |
| tīng yīnyuè | 听音乐 | 音楽を聴く | 46 |
| tōngzhī | 通知 | 通知 | 107 |
| tóngbìngxiānglián | 同病相怜 | 同病相哀れむ | 113 |
| tónghuà | 童话 | 童話、メルヘン | 86 |
| tóngnián | 童年 | 子供時代 | 104 |
| tóngxué | 同学 | 同級生 | 62 |
| tóu téng | 头疼 | 頭痛 | 64 |
| túshūguǎn | 图书馆 | 図書館 | 40 |
| tuányuán | 团圆 | 団欒 | 56 |

## W

| | | | |
|---|---|---|---|
| wàimian | 外面 | 外 | 107 |
| …wán | …完 | …し終える(結果補語、第 13 課参照) | 96 |
| wán'ǒuzhuāng | 玩偶装 | 着ぐるみ | 62 |
| wánr | 玩儿 | 遊ぶ | 76 |
| wǎn | 碗 | 碗 | 94 |
| wǎnfàn | 晚饭 | 晩飯 | 88 |
| wǎnshang | 晚上 | 夜 | 42 |
| wàn | 万 | (数詞)万 | 95 |
| wǎngdiàn | 网店 | ネットショップ | 98 |
| wǎnggòu | 网购 | オンラインショッピング | 98 |
| wǎngluò yóuxì | 网络游戏 | ネットゲーム | 106 |
| wàngbudiào | 忘不掉 | 忘れられない | 104 |
| wàng le | 忘了 | 忘れた | 41 |
| wéi | 喂 | もしもし | 35 |
| wéi | 为 | …とみなす | 86 |
| wèi shénme | 为什么 | なぜ、どうして | 41 |
| wèiyú | 位于 | …に位置する | 86 |
| wēnquán | 温泉 | 温泉 | 71 |
| wénhuà | 文化 | 文化 | 56 |
| wèn | 问 | 聞く | 77 |
| wǒ | 我 | 私 | 23 |
| wúxiàn ěrjī | 无线耳机 | ワイヤレスイヤホン | 106 |
| wǔfàn | 午饭 | 昼飯 | 88 |
| wǔ suì | 五岁 | 5 才 | 28 |
| wǔzhé | 五折 | 50% オフ | 96 |

## X

| | | | |
|---|---|---|---|
| xīguā | 西瓜 | スイカ | 58 |
| xīwàng | 希望 | 希望する | 59 |
| xísú | 习俗 | 習俗 | 56 |
| xǐhuan | 喜欢 | …好きだ | 47 |
| xǐ yīfu | 洗衣服 | 洗濯をする | 76 |
| xǐ zǎo | 洗澡 | 入浴する | 44 |
| xià dān | 下单 | 注文する | 98 |
| xià gè xīngqī | 下个星期 | 来週 | 42 |

| | | | |
|---|---|---|---|
| xià gè yuè | 下个月 | 来月 | 42 |
| xià kè | 下课 | 授業が終わる | 43 |
| xiàtiān | 夏天 | 夏 | 84 |
| xiàwǔ | 下午 | 午後 | 41 |
| xià xuě | 下雪 | 雪が降る | 82 |
| xià yǔ | 下雨 | 雨が降る | 60, 82 |
| xiān | 先 | 先に、まず | 101 |
| xiānhuā | 鲜花 | 生花 | 98 |
| xiānsheng | 先生 | さん(ミスター) | 37 |
| xián | 咸 | 塩辛い | 90 |
| xiàn | 线 | 糸 | 104 |
| xiànmù | 羡慕 | 羨ましい | 29 |
| xiànzài | 现在 | 現在、いま | 41 |
| xiǎng | 想 | …したい | 59 |
| xiǎngniàn | 想念 | 恋しく思う | 56 |
| xiàng | 向 | …へ | 78 |
| xiàngzhēng | 象征 | 象徴する | 56 |
| xiǎo | 小 | 小さい | 50 |
| xiǎocàiyìdié | 小菜一碟 | 朝飯前、容易だ | 107 |
| xiǎojiě | 小姐 | さん(ミス) | 37 |
| xiǎoshí | 小时 | 時間 | 73 |
| xiào | 笑 | 笑う | 83 |
| Xièxie | 谢谢 | ありがとう | 19 |
| xīn | 新 | 新しい | 107 |
| xīndòng | 心动 | 心が動く | 109 |
| xīngànxiàn | 新干线 | 新幹線 | 70 |
| xīnnián | 新年 | 新年 | 36 |
| Xīngbākè | 星巴克 | スターバックス | 77 |
| xīngfèn | 兴奋 | 興奮している | 104 |
| xīngqī tiān/rì | 星期天 / 日 | 日曜日 | 42 |
| xīngqī wǔ | 星期五 | 金曜日 | 41 |
| xíng | 行 | よろしい | 59 |
| xíngli xiāng | 行李箱 | スーツケース | 94 |
| xìng | 姓 | (姓を)…という | 23 |
| xìngfú | 幸福 | 幸せである | 65 |
| xìnggé | 性格 | 性格 | 83 |
| xìngqù | 兴趣 | 興味 | 77 |
| xióngmāo | 熊猫 | パンダ | 62 |
| xiūxi | 休息 | 休む | 64 |
| xuǎn | 选 | 選ぶ | 98 |
| xué Hànyǔ | 学汉语 | 中国語を勉強する | 40 |
| xuésheng | 学生 | 学生 | 22 |
| xuéxí | 学习 | 勉強 | 34 |

## Y

| | | | |
|---|---|---|---|
| yánsè | 颜色 | 色 | 97 |
| yánzhòng | 严重 | 深刻である、ひどい | 113 |
| yángguǎigǔ | 羊拐骨 | 羊の距骨を用いた遊び | 102 |
| yáng ròu | 羊肉 | 羊の肉 | 91 |
| yǎng huā | 养花 | 花を育てる | 115 |
| yàngzi | 样子 | 表情、様子 | 98 |
| yāo | 1 | (番号の読み方) | 25 |
| yào | 要 | …したい | 59 |
| yào | 要 | かかる | 73 |
| yào…le | 要…了 | もうすぐ…となる | 41 |
| yàoshi…, jiù… | 要是…, 就… | もしも…ならば | 113 |
| yéye | 爷爷 | 祖父 | 31 |
| yě | 也 | も | 23 |
| yìbān | 一般 | 一般的 | 92 |
| yìbiān…, yìbiān… | 一边…, 一边… | …しながら、…する | 101 |
| yìdiǎnr | 一点儿 | 少し | 84 |
| yídìng | 一定 | きっと、必ず | 83 |
| yí gè háizi | 一个孩子 | 一人の子 | 28 |
| yígòng | 一共 | 全部で | 95 |
| yíhuìr | 一会儿 | しばらく | 53 |
| yī…jiù… | 一…就… | …すると(すぐに)… | 113 |
| yìqǐ | 一起 | 一緒に | 44 |
| yíxià | 一下 | ちょっと(…する、…してみる) | 65 |
| (yì) xiē | (一)些 | いくらか | 65 |
| yì zhī gǒu | 一只狗 | 1匹の犬 | 28 |
| yìzhí | 一直 | まっすぐに | 78 |
| yīshēng | 医生 | 医者 | 68 |
| yīyuàn | 医院 | 病院 | 64 |
| yíchǎn | 遗产 | 遺産 | 86 |
| yǐ | 以 | …で | 56 |
| yǐjīng | 已经 | すでに | 68 |
| yǐjiùhuànxīn | 以旧换新 | 下取り | 109 |
| yǐqián | 以前 | 以前 | 73 |
| yǐqián | 以前 | …の前、…以前 | 101 |
| yǐzi | 椅子 | 椅子 | 32 |
| yīntiān | 阴天 | 曇り | 82 |
| yīnwèi | 因为 | …なので | 62 |
| yīnwèi…, suǒyǐ… | 因为…, 所以… | …なので、だから…だ | 89 |
| yínháng | 银行 | 銀行 | 76 |
| yǐnshí | 饮食 | 飲食 | 92 |
| yíng xīnnián | 迎新年 | 新年を迎える | 103 |
| yòng | 用 | (前置詞)…で | 95 |
| yōuhuì | 优惠 | 特恵、優待 | 97 |
| yōuměi | 优美 | 優美である | 86 |
| yōumò | 幽默 | ユーモアがある | 110 |
| yóuhuà | 油画 | 油絵 | 50 |
| yóunì | 油腻 | 脂っこい | 90 |

| | | | |
|---|---|---|---|
| yóutiáo | 油条 | 揚げパン | 92 |
| yóu yǒng | 游泳 | 泳ぐ | 46 |
| yǒu | 有 | ある、いる | 29 |
| yǒuhài lājī | 有害垃圾 | 有害ゴミ | 114 |
| yǒushí | 有时 | 時には | 80 |
| yǒu yìsi | 有意思 | 面白い | 38 |
| yòu | 右 | 右 | 78 |
| yòu | 又 | また | 116 |
| yòu…yòu… | 又…又… | でもあり、<br>また…でもある | 104 |
| yúkuài | 愉快 | 楽しい | 34 |
| yúshì | 于是 | それで | 98 |
| yǔfǎ | 语法 | 文法 | 95 |
| yǔyīn liáo tiān | 语音聊天 | 音声チャットをする | 108 |
| yù | 誉 | たたえる | 86 |
| yuán | 元 | 中国の貨幣単位 | 96 |
| Yuándàn | 元旦 | 元旦、元日 | 100 |
| yuánjià | 原价 | 原価 | 97 |
| Yuánxiāojié | 元宵节 | 元宵節、小正月 | 54 |
| yuǎn | 远 | 遠い | 71 |
| yuèbǐng | 月饼 | 月餅 | 52 |
| yuè… yuè… | 越…越… | …すればするほど… | 107 |

## Z

| | | | |
|---|---|---|---|
| zài | 在 | ある、いる | 29 |
| zài | 在 | …で | 42 |
| zài | 在 | …している | 53 |
| …zài | …在 | …に、ある場所に<br>位置させる（結果補語、<br>第 13 課参照） | 96 |
| Zàijiàn | 再见 | さようなら | 19 |
| zánmen | 咱们 | われわれ | 71 |
| zāogāo | 糟糕 | しまった | 41 |
| zǎofàn | 早饭 | 朝食 | 88 |
| zǎoshang | 早上 | 朝 | 34 |
| zěnme | 怎么 | なぜ、どうして | 65 |
| zěnme | 怎么 | どのように | 71 |
| zěnme bàn | 怎么办 | どうしよう | 109 |
| zěnme le | 怎么了 | どうしたの | 65 |
| zěnmeyàng | 怎么样 | どうですか | 37 |
| zhāi cǎoméi | 摘草莓 | イチゴ狩り | 71 |
| zhāng | 张 | （量詞）平らな物を<br>数える | 32 |
| zhǎng | 长 | 成長する | 53 |
| zhàngfu | 丈夫 | 夫 | 79 |
| zhǎo shǒujī | 找手机 | 携帯電話を探す | 52 |
| zhàopiàn | 照片 | 写真 | 47 |
| zhàoxiàngjī | 照相机 | カメラ | 47 |
| zhè | 这 | これ、この | 29 |
| zhè gè xīngqī | 这个星期 | 今週 | 42 |
| zhè gè yuè | 这个月 | 今月 | 42 |
| zhème | 这么 | こんなに、そんなに | 113 |
| zhèxiē | 这些 | これら | 47 |
| zhèyàng | 这样 | このような | 86 |
| zhe | 着 | …している、してある | 53 |
| zhēn | 真 | 本当に | 29 |
| zhènghǎo | 正好 | ちょうど | 110 |
| zhèngzài…ne | 正在…呢 | ちょうど…している<br>ところだ | 53 |
| zhī | 只 | （量詞）匹 | 29 |
| zhī | 之 | の | 86 |
| zhīdào | 知道 | 知っている | 60 |
| zhīfù | 支付 | 支払う | 95 |
| zhǐ | 只 | （副詞）ただ…だけである | 101 |
| zhǐjīn | 纸巾 | ティッシュペーパー | 113 |
| zhǐxiāng | 纸箱 | 段ボール箱 | 112 |
| zhìnéng shǒubiǎo | 智能手表 | スマートウォッチ | 106 |
| zhìnéng shǒujī | 智能手机 | スマートフォン | 106 |
| zhōngbiǎo | 钟表 | 置き時計、掛け時計 | 59 |
| Zhōngguórén | 中国人 | 中国人 | 22 |
| Zhōngqiūjié | 中秋节 | 中秋節 | 52 |
| Zhōngwén | 中文 | 中国語 | 41 |
| zhōngwǔ | 中午 | 昼 | 42 |
| zhōngxīn | 衷心 | 心からの | 62 |
| zhǒnglèi | 种类 | 種類 | 92 |
| zhōu | 粥 | お粥 | 92 |
| zhōumò | 周末 | 週末 | 35 |
| zhǔshí | 主食 | 主食 | 92 |
| zhù | 祝 | 祈る | 36 |
| zhùfú | 祝福 | 祝福 | 62 |
| zhǔnbèi | 准备 | 準備する | 52 |
| zhuōzi | 桌子 | 机、テーブル | 32 |
| zīliàoshì | 资料室 | 資料室 | 47 |
| zìjǐ | 自己 | 自分、自身 | 104 |
| zìrán | 自然 | 自然 | 86 |
| zìxíngchē | 自行车 | 自転車 | 70 |
| zǒu | 走 | 前に進む、歩く | 78 |
| zǒuzhe | 走着 | 歩いて | 72 |
| zú bù chū hù | 足不出户 | 外出せず家にいる | 98 |
| zuì | 最 | 最も | 36 |
| zuìjìn | 最近 | 最近 | 35 |
| zūnjìng | 尊敬 | 尊敬する | 68 |
| zuótiān | 昨天 | きのう | 42 |
| zuǒyòu | 左右 | ぐらい | 83 |
| zuò | 做 | する、やる | 41 |
| zuò | 坐 | 乗る | 70 |
| zuò cài | 做菜 | 料理をする | 46 |

著者

| | | | |
|---|---|---|---|
| 趙　秀敏 | 東北大学　教授 | 上野 稔弘 | 東北大学　准教授 |
| 王　　軒 | 東北大学　講師 | 三石　大 | 東北大学　准教授 |
| 桂　　雯 | 東北大学　講師 | 大河 雄一 | 東北大学　助教 |
| 姚　　尧 | 東北大学　講師 | 今野 文子 | 東北大学　専門研究員 |


表紙・本文デザイン　小熊未央
本文イラスト　メディアアート
吹き込み者　李軼倫　段文凝　于躍
毛興華　姜海寧　王暁音

KOTOTOMO [コトトモ] ことばを友に
プラス（増課）

検印省略

© 2023年 1月15日 初 版 発行

著　者　趙　秀敏　上野 稔弘
王　　軒　三石　大
桂　　雯　大河 雄一
姚　　尧　今野 文子

発行者　小川　洋一郎
発行所　株式会社 朝 日 出 版 社
〒101-0065　東京都千代田区西神田 3-3-5
電話 (03) 3239-0271・72 (直通)
振替口座　東京　00140-2-46008
欧友社／図書印刷
http://www.asahipress.com


ISBN978-4-255-45375-0　C1087